微信公众号
平台操作与版式设计
（微课版）

文杰书院◎编著

清华大学出版社
北京

内 容 简 介

　　本书以通俗易懂的语言、精挑细选的实用技巧、生动翔实的案例分析、图文并茂的写作方式，全面介绍了微信公众号平台操作与版式设计的基础知识，主要内容包括快速了解微信公众号、轻松操作微信公众号平台、公众号图文内容创作、图文版式编排与设计、微信公众号编辑器、公众号配图和视频、微信公众号的推广与运营等方面的知识和技巧。书中既有详细、全面的实际操作方法，又有真实的案例剖析，并介绍了很多实用技巧和运营经验，具有很强的实用性和可读性。

　　本书适合对微信公众号运营感兴趣的读者，能帮助普通大众、新媒体人、企业和商家从公众号运营新手进阶到高手，也可作为高等学校新媒体相关专业的教学用书。

图书在版编目(CIP)数据

微信公众号平台操作与版式设计：微课版 / 文杰书院编著. —北京：清华大学出版社，2022.9（2025.2 重印）
ISBN 978-7-302-61385-5

Ⅰ.①微…　Ⅱ.①文…　Ⅲ.①网络营销　Ⅳ.①F713.365.2

中国版本图书馆CIP数据核字(2022)第124663号

责任编辑：魏　莹
封面设计：李　坤
责任校对：徐彩虹
责任印制：沈　露
出版发行：清华大学出版社
　　　　　网　　　址：https://www.tup.com.cn, https://www.wqxuetang.com
　　　　　地　　　址：北京清华大学学研大厦A座　　邮　　　编：100084
　　　　　社 总 机：010-83470000　　　　　　　　邮　　　购：010-62786544
　　　　　投稿与读者服务：010-62776969, c-service@tup.tsinghua.edu.cn
　　　　　质量反馈：010-62772015, zhiliang@tup.tsinghua.edu.cn
印 装 者：三河市龙大印装有限公司
经　　销：全国新华书店
开　　本：187mm×250mm　　印　　张：14.5　　字　　数：299千字
版　　次：2022年9月第1版　　　　　　　　印　　次：2025年2月第5次印刷
定　　价：89.00元

产品编号：096139-01

前　言

微信，不仅改变了我们的沟通方式，而且改变了我们的生活。基于移动互联网自身的属性，微信不受时间和空间的限制。用户一旦注册并使用微信，便可与其他微信用户联系并互动，用户可以订阅自己所需的信息，商家也可以通过微信为用户提供需要的信息，推销自己的产品，实现多重营销。为了帮助初学者快速地了解和掌握有关微信公众号平台的相关内容，我们编写了本书。

一、从本书中能学到什么

本书根据初学者的学习习惯，采用由浅入深、由易到难的方式组织内容，为读者提供了一个全新的学习和实践操作平台，无论是基础知识的安排还是实践应用能力的训练，都充分地考虑了用户的需求，可以使读者快速达到理论知识与应用能力的同步提高。本书主要包括以下三大方面的内容。

1. 微信公众号的基础知识

本书第 1 章至第 2 章，初步介绍了微信公众号的基础知识及相关操作，包括认识微信公众号、选择微信公众号、注册微信公众号、微信公众号的基本设置、运营和推广微信公众账号、快速学会推送公众号文章、公众号数据分析、基本功能和个性化设置、进阶编辑公众号内容和功能等。

2. 微信公众号的设计与编辑

本书第 3 章至第 6 章，介绍了微信公众号的设计与编辑的相关知识，包括公众号图文内容创作、图文版式编排与设计、微信公众号编辑器、公众号配图和视频等。

3. 微信公众号的推广与运营

本书第 7 章，介绍了微信公众号的推广与运营的相关方法，包括公众号引流与吸粉、公众号搜索排名的优化、二维码和表单工具、手机端运营工具、常见的推广和运营经验等。

二、如何获取本书的学习资源

为帮助读者高效、快捷地学习本书知识点，我们不仅为读者准备了与本书知识点有关的配套素材文件，而且还设计并制作了精品短视频教学课程，同时还为教师准备了 PPT 课件资源。购买本书的读者，可通过以下途径获取相关的配套学习资源。

1. 扫描书中二维码获取在线学习视频

读者在学习本书的过程中，可以使用微信的"扫一扫"功能，扫描本书标题左下角的二维码，在打开的视频播放页面中可以在线观看视频课程。这些视频读者也可以下载并保存到手机或电脑中离线观看。

2. 登录网站或者扫码获取更多学习资源

本书 PPT 课件资源，读者可登录网址 http://www.tup.com.cn(清华大学出版社官方网站) 下载相关学习资料，也可扫描右侧二维码获取读者服务。

读者服务

本书由文杰书院组织编写，参与本书编写工作的有李军、袁帅、文雪、李强、高桂华等。由于编者水平有限，书中难免存在疏漏之处，敬请广大读者批评、指正。

编　者

目 录

第1章

快速了解微信公众号

如今微信已经成为一个非常强大的即时通信平台,我们每天都会通过微信发出或接收大量信息。而微信公众号也成为一个非常主流的媒体形式,我们经常会在等车或睡前刷一刷公众号的推送。正因如此,有越来越多的人尝试自己去创建并运营一个微信公众号,但是这件事并没有想象中那么简单。在着手运营一个个人微信公众号之前有很多需要了解的知识。本章将带领读者快速了解微信公众号的相关内容。

1.1 认识微信公众号

 微信的出现，让人们找到了新的沟通方式，也让企业找到了新的营销方式。一部小小的手机里蕴藏着极大的能量，利用好这个能量，就能抓住微信公众号所带来的新机遇。本节将详细介绍微信公众号的基本知识。

<< 扫码获取配套视频课程，本节视频课程播放时长约为 1 分 52 秒。

1.1.1 微信公众号的概念

按照官方的说法，"微信公众号是开发者或商家在微信公众号平台上申请的应用账号，该账号可以与 QQ 账号互通，通过微信公众号，商家可以在微信公众号平台上实现和特定群体的文字、图片、语音、视频的全方位沟通和互动，形成一种主流的线上、线下微信互动营销方式"。

微信公众号平台实现了信息通知、用户连接和用户管理的功能，可以与用户互动。微信公众号平台的口号是：再小的个体，也有自己的品牌，如图 1-1 所示。

图 1-1

个人微信基本就是熟人互相联络的一个社交平台，可以相互发送图片、文字、视频、语音类消息，而公众号也可以发送图片、文字、视频、语音类消息，但是公众号的推送内容会经过筛选，有一定的要求，推送的人群也不仅仅局限于熟人，更多的是和你完全没有过交流的粉丝。微信公众号就是表达想法、分享知识并且将内容传播给更多人的一个平台，在这里你可以随意写下想说的话，可以分享所有你想分享的东西，然后会有喜欢这些东西的人关注，并与你互动。

1.1.2 微信公众号的商业价值

微信公众号，是一个可以满足用户某种需求的产品，不管是精神层面的共鸣，还是技能层面的提升，只要这种需求存在，在没有一种新的社交工具取代微信之前，这些庞大的微信用户还在，微信公众号的存在就有价值。那么微信公众号到底有哪些商业价值呢？

首先，微信流量优势是公众号发展最坚挺的支持。公众号诞生之初并没有明确的目标，2012年8月，微信公众号平台上线。据负责微信公众号平台上线的产品经理杨魏茂后来回忆，公众号诞生之初并没有什么远大的布局战略，可凭借微信上沉淀的庞大流量支撑，催生了一批又一批的大号。

其次，微信网友阅读公众号的习惯已养成。从"新世相""咪蒙""罗辑思维"等大号上用户的活跃度来看，在微信上浏览喜欢的公众号，已成为许多微信网友的一种习惯。正是由于他们的活跃，才有了这些大号动辄数亿元的高额估值。

最后，社交生态内容的微信公众号具备独有的商业价值。社会化媒体平台的不断迭代，给了越来越多的内容创业者"火"的机会。与BBS、微博、今日头条、抖音对比，微信公众号在商业价值方面都具备着很强的优势。

在公众号的每个点击背后，都是真实的微信网友，因此相比于其他平台的流量，社交生态这一特质，让微信公众号的每个点击都具备了更高的商业价值。只要公众号的商业价值存在，内容创业者就有动力源源不断地进行创作，有内容，微信生态就不会枯竭。

1.1.3 微信公众号的运营

企业要灵活应用微信营销，就要做好微信公众号运营，因为微信公众号是企业在微信中对外的一个平台，任何营销都要依赖这个平台来进行，它就相当于企业在电脑端的官网一样。那么如何运营微信公众号呢？

1. 公众号定位要明确

比如，企业有什么产品，能提供什么样的资讯，还有就是需要考虑目标消费群体的喜好，一定要设身处地地站在客户角度去想，他真正想要的是什么，这样才好对症下药。

2. 向竞争对手学习

若自己的公众号起步晚，应该会有一些与同行业相关的公众号运营得比较好，我们就可以先去调研这些公众号，了解一下粉丝对哪些内容感兴趣，模仿写一些类似的文章，毕竟别人已经帮你验证过这类文章受欢迎的程度了。

3. 内容运营

内容是公众号运营中极其重要的因素，只有把握好内容，才能更好地吸引粉丝，留住粉丝。随着用户对公众号的要求越来越高、越来越挑剔，我们需要花更多的时间来打磨内容，向用户呈现更好的东西。

4．营销推广

要想让企业产品做到精准营销，建设推广渠道是很有必要的，推广方式多种多样，一般包括资源互换、搜索引擎优化（SEO）、社群引流、社交媒体引流、新媒体运营、广告、活动推广等方式，企业可根据自己的需求决定。

5．数据评估与总结

养成统计数据的习惯，如文章阅读量、转发量、用户关注量等，通过分析总结，进一步优化改进，使公众号运营更加成功。

1.2　选择微信公众号

在了解了微信公众号的概念，以及微信公众号的商业价值之后，接下来了解如何选择微信公众号。随着订阅号的数量越来越多，用户对于账号的选择会更加挑别，所以每个账号必须有清晰明确的定位，且要名副其实，这样才能吸引和留住用户。

<< 扫码获取配套视频课程，本节视频课程播放时长约为 1 分 50 秒。

1.2.1　微信公众号的类型

微信公众号分为订阅号、服务号和企业微信三种类型。每种公众号类型的功能和服务都有一定的区别，下面分别详细介绍这三种公众号。

1．服务号

服务号是为企业和组织提供更强大的业务服务与用户管理能力，主要偏向服务类交互（功能类似 12315、114、银行，提供绑定信息、服务交互），适用人群为媒体、企业、政府机关或其他组织。图 1-2 所示为微信公众号平台对服务号的简介。

2．订阅号

订阅号为媒体和个人提供一种新的信息传播方式，构建与读者之间更好的沟通与管理模式，（功能类似报纸、杂志，提供新闻信息或娱乐趣事），适用人群为个人、媒体、企业、政府或其他组织。图 1-3 所示为微信公众号平台对订阅号的简介。

3．企业微信

企业微信（原企业号）是一款面向企业级市场的产品，是一个独立好用的基础办公沟通工具，拥有最基础和最实用的功能服务，专门提供给企业使用的实时通信（IM）产品，适用于企业、政府机关、事业单位或其他组织。图1-4所示为微信号公众平台对企业微信的简介。

服务号

为企业和组织提供更强大的业务服务与用户管理能力，帮助企业快速实现全新的公众号服务平台。

图 1-2

订阅号

为媒体和个人提供一种新的信息传播方式，构建与读者之间更好的沟通与管理模式。

图 1-3

企业微信 源企业号

企业的专业办公管理工具，与微信一致的沟通体验，提供丰富免费的办公应用，并与微信消息、小程序、微信支付等互通，助力企业高效办公和管理。

图 1-4

如果简单地发送消息，就能达到宣传效果，建议选择订阅号；如果想用公众号获得更多的功能，例如，开通微信支付，建议选择服务号；如果想用来管理企业内部员工、团队，对内使用，可申请企业微信。订阅号不支持变更为服务号，同样，服务号也不可变更为订阅号。各种公众号类型的功能权限，如图1-5所示。

功能权限	普通订阅号	微信认证订阅号	普通服务号	微信认证服务号
消息直接显示在好友对话列表中			✓	✓
消息显示在"订阅号"文件夹中	✓	✓		
每天可以群发1条消息	✓	✓		
每个月可以群发4条消息			✓	✓
无限制群发				
保密消息禁止转发				
关注时验证身份				
基本的消息接收/运营接口	✓	✓	✓	✓
聊天界面底部，自定义菜单	✓	✓		
定制应用				
高级接口能力		部分支持		✓
微信支付-商户功能		部分支持		✓

图 1-5

服务号、订阅号和企业微信的图例说明，如图1-6所示。

图 1-6

1.2.2　选择服务号和订阅号

在注册新的微信公众号时，需要选择成为服务号或订阅号。服务号和订阅号可以根据自身的不同属性，提供不同的内容和服务。

1. 服务号的功能

微信公众号平台服务号，顾名思义，主要是为客户提供服务的，它能够为企业和组织提供更强大的业务服务与客户管理能力，帮助企业快速实现全新的公众号服务平台。一般企业为客户提供服务时用得比较多，如招商银行、中国南方航空。服务号的主要功能和权限如下。

> ➤　1 个月内仅可以群发 4 条消息。
> ➤　发给订阅用户（粉丝）的消息会显示在对方的聊天列表中。
> ➤　在给用户发送消息时，用户将收到即时消息提醒。
> ➤　服务号会保存在订阅用户（粉丝）的通讯录中。
> ➤　可申请自定义菜单。

2. 订阅号的功能

微信公众号平台订阅号为用户提供信息和资讯，为媒体和个人提供一种新的信息传播方式，构建与读者之间更好的沟通与管理模式。订阅号的主要功能和权限如下。

> ➤　每天（24 小时内）可以群发 1 条消息。

...

➤ 发给订阅用户（粉丝）的消息会显示在对方的订阅号文件夹中。

➤ 在给用户发送消息时，订阅用户（粉丝）不会收到即时消息提醒。

➤ 在订阅用户（粉丝）的通讯录中，订阅号将被放入订阅号文件夹中。

➤ 订阅号不支持申请自定义菜单。

对于绝大多数企业而言，最好先从订阅号做起，通过订阅号形成好的沟通机制和氛围，当数据量足够大，很多需求无法通过订阅号满足时，再升级为服务号，这是一个水到渠成的过程。虽然服务号每月只有 4 次推送机会，但是对发文频率要求不高的企业来说很实用。另外，因为大家关注的微信公众号数量较多，而且订阅号是折叠的，被用户打开的概率和点击率极低，但是服务号消息显示在好友列表中，推文被打开的概率要比订阅号高很多，从这一点来看，服务号还是有一定优势的。

1.3　注册微信公众号

在了解了微信公众号基本知识后，接下来介绍如何注册一个属于自己的微信公众号，通过实际操作才能更好地掌握微信公众号的运营技巧。本节将详细介绍注册微信公众号的相关知识。

<< 扫码获取配套视频课程，本节视频课程播放时长约为 54 秒。

1.3.1　注册个人主体公众号需准备的资料

用户可以通过电脑登录"https://mp.weixin.qq.com"微信公众号平台官网注册微信公众号。运营者在注册个人主体微信公众号时，首先要弄清楚注册过程中所需要的资料，并将这些资料准备好。微信公众号平台运营者需要准备 5 种资料，包括邮箱、手机号码、注册人身份证号码、介绍公众号功能的文字、用作公众号头像的图片。

1. 邮箱

运营者在注册微信公众号之前，需要先注册一个邮箱。同时需要注意的是，用来注册的邮箱必须是未被微信公众号平台注册、未被微信开发平台注册、未被个人微信号绑定的邮箱。

2. 手机号

运营者在注册微信公众号时，必须填写手机号，用于接收平台发送的验证码，所以运营者要提前准备一个能正常使用的手机号。

3. 注册人身份证号码

运营者在注册微信公众号时，必须填写自己的身份证号码，所以运营者要提前准备好自己的身份证。

4. 介绍公众号功能的文字

运营者在注册微信公众号的过程中，需要写一段介绍公众号功能的文字。因为公众号介绍一个月只能修改 5 次，所以运营者在写这段文字之前就应该提前准备好，避免到时候仓促填写。介绍公众号功能的文字字数要控制在 4 ~ 120 个字。因此，运营者在准备的过程中不仅要注重文字的精简，而且要突出公众号的特色。

5. 用作公众号头像的图片

公众号头像图片也是运营者在注册微信公众号时必须要准备的一项资料。微信公众号头像图片在一定程度上代表了公众号的形象，它能在第一时间给公众号订阅者留下视觉上的印象，吸引读者（粉丝）的眼球。

微信公众号的头像一旦确定，建议大家最好不要更换。因为现在微信用户关注的公众号数量非常多，订阅者好不容易通过公众号头像记住了你的微信公众号，如果你换头像，可能就会导致订阅者一时找不到你的公众号，从而将你的公众号遗忘。

因此，运营者要确保自己设置的微信公众号头像长久不换，就一定要提前准备好。运营者可以使用企业标志图片、企业经营的产品图片或者一些其他类型图片作为公众号的头像。

1）企业标志图片

对企业微信公众号来说，选择使用自己企业的标志图片作为公众号头像是一个不错的选择。这样让读者每次看见公众号的时候就能够看见企业的标志，从而加深企业在读者心目中的印象，对企业知名度的传播有好处。

图 1-7 为以企业标志图片做头像的微信公众号：腾讯视频 VIP 和百度。

图 1-7

2）企业经营的产品图片

除了可以使用企业的标志做微信公众号的头像之外，还可以选择采用企业或者个人经营的产品图片来做微信公众号的头像。将产品图片用作微信公众号头像可以使产品能更多次地出现在广大微信用户的视线中，增加产品的曝光率，从而达到宣传、推广产品的效果。图 1-8 是以企业经营的产品图片做头像的微信公众号——"晨博士植物牙膏"和"PFR 面膜"。

图 1-8

3）其他类型图片

对于自媒体人的微信公众号来说，他们可能没有自己的公司标志，也没有自己经营的产品，这些人在设置微信公众号头像时就可以选择其他类型的图片，如自己的照片、各种与公众号有关联的图片等。如图 1-9 所示，是以其他类型的图片作为头像的公众号——"影视怪蜀黍"和"丹尼尔先生"。

图 1-9

1.3.2 注册企业主体公众号需准备的资料

运营者在注册企业主体的微信公众号时，对邮箱、手机号、注册人身份证号码等的要求与注册个人主体的微信公众号一样。但是，注册企业主体微信公众号的不同之处是多了营业执照这一项。运营者在注册的过程中，需要输入企业的营业执照注册号或者社会信用代码号。

同时，如果运营者注册的是企业号下的企业主体微信公众号，那么运营者还需要准备营业执照的扫描件或者数码照片，并且照片的大小不能超过 5MB，具体要求如图 1-10 所示。

营业执照扫 请上传营业执照清晰彩色原件扫描件或数码照
插件　　　 在有效期内且年检章齐全（当年成立的可无年检章）
　　　　　 由中国大陆工商局或市场监督管理局颁发
　　　　　 支持.jpg .jpeg .png .bmp格式照片，大小不超过5MB。

　　　　　 选择文件

图 1-10

1.4　微信公众号的基本设置

当微信公众号通过审核后，用户就可以通过注册邮箱登录账号了，此时的微信公众号是"一穷二白"的状态，需要用户完善一些基础设置。本节将详细介绍设置微信公众号的相关知识及操作方法。

<< 扫码获取配套视频课程，本节视频课程播放时长约为 6 分 58 秒。

1.4.1　修改账号详情信息

登录微信公众号后，将鼠标指针移动到首页的右上角时会弹出一个下拉列表框，然后选择【账号详情】选项，如图 1-11 所示。

图 1-11

进入【公众号设置】界面，可以看到账号的头像、名称、微信号、二维码、类型、介绍等信息。如果管理员想要修改名称、微信号、介绍等信息，可以单击右侧的【修改】链接来修改指定目标，如图 1-12 所示。

用户在【设置与开发】功能栏中选择【公众号设置】选项，同样能够进入【公众号设置】界面，如图 1-13 所示。

图 1-12

图 1-13

1.4.2 修改公众号名称

微信公众号注册一段时间后，若发现自己的账号名称写错了，影响了粉丝数量的增加，那么就需要重新设置公众号名称。目前个人类型公众号名称一年内可修改两次，企业、媒体、政府机关及其他组织可以在微信认证过程中有一次重新设置公众号名称的机会。微信认证审核费用 300 元 / 次，认证的名称必须符合微信认证命名规则。下面详细介绍如何重新设置公众号名称。

▼ 操作步骤 ....●

[第1步] 进入【公众号设置】界面，在【名称】区域右侧单击【修改】链接，如图 1-14 所示。

图 1-14

[第2步] 弹出【修改名称】对话框，进入【验证身份】界面，用户需要使用账号主体微信扫描界面中的二维码，进行验证身份，如图 1-15 所示。

[第3步] 扫描二维码后，在手机中的【微信验证】界面中，点击【确定】按钮，如图 1-16 所示。

图 1-15

图 1-16

第4步 返回【验证身份】界面，系统会提示"身份验证成功"，单击【下一步】按钮，如图 1-17 所示。

图 1-17

第5步 进入【同意协议】界面，仔细阅读相关说明，单击【同意并进入下一步】按钮，如图 1-18 所示。

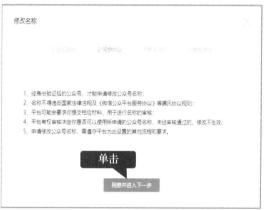

图 1-18

第6步 进入【修改名称】界面，❶在【账号名称】文本框中输入准备使用的名字，❷单击【确定】按钮，如图 1-19 所示。

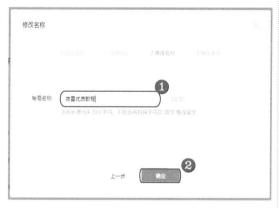

图 1-19

第7步 进入【确定修改】界面，系统会提示"确定修改公众号名称吗？"，并显示修改前和修改后的名称对比，单击【确定】按钮，即可完成重新设置公众号名称的操作，如图 1-20 所示。

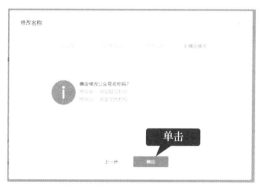

图 1-20

1.4.3 设置公众号头像

微信公众号申请好以后，一般要设置一个自己独有的头像，公众号头像的尺寸并没有具体规定，由用户自行设置。作为一个微信公众号，目的就是更好地宣传自己和吸引用户，选择合适、清晰、辨识度高的头像是运营的基础要点之一，一般公众号头像在资料页面显示

"圆形"图标，而在微信消息列表页面却显示"正方形"图标。下面详细介绍设置公众号头像的操作方法。

操作步骤

第1步 进入【公众号设置】界面，在【公开信息】区域右侧，将鼠标指针移动到公众号头像框位置，会出现"相机"图标，此时即可单击它，如图 1-21 所示。注意每个月修改头像的次数是有限制的，本月次数用完，再想修改就得等到下一个月了。

图 1-21

第2步 弹出【修改头像】对话框，单击【选择图片】按钮，注意这里要求图片的大小不超过 2MB，否则就会提示错误，大家可用 Photoshop 软件修改图片，将图片大小控制在 2MB 之内，如图 1-22 所示。

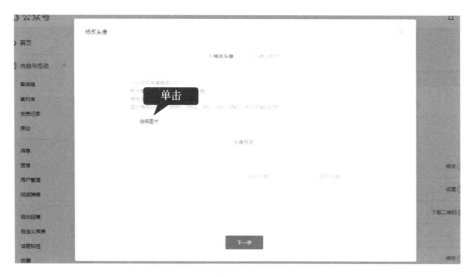

图 1-22

第3步 弹出【打开】对话框，❶选择准备作为公众号头像的图片，❷单击【打开】按钮，如图 1-23 所示。

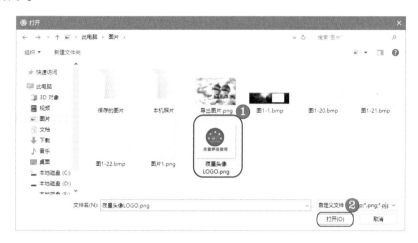

图 1-23

第4步 图片上传成功后就会出现以下界面，❶用户可以选择需要的图像作为头像，❷选择完成后，单击【下一步】按钮，如图 1-24 所示。

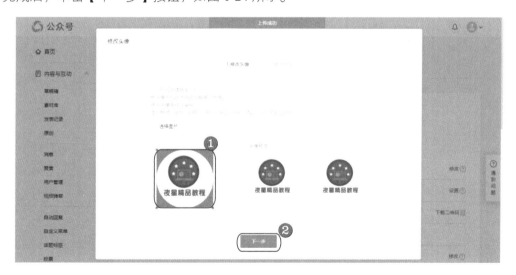

图 1-24

第5步 进入【确定修改】界面，系统会显示公众号头像在资料页面显示为"圆形"的图标样式，以及在微信消息列表页面显示为"正方形"的图标样式，确认无误后单击【确定】按钮，如图 1-25 所示。

第6步 返回【公众号设置】界面，在【公开信息】区域，可以看到已经将公众号头像修改为选择的图片样式，即可完成设置公众号头像的操作，如图 1-26 所示。

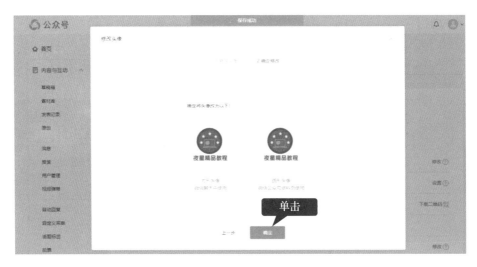

图 1-25

图 1-26

　设置微信号

　　刚注册的微信公众号，是没有微信号的，需要在微信公众号平台中自行设置，一个好的微信号，能够让用户迅速记住并找到你。微信号需要以字母开头，最少 6 个字母或者数字。需要注意的是，微信号是唯一的，个人微信号和公众微信号设置都是同一个规则。当前微信用户越来越多，容易记忆的微信号基本都被抢注。下面详细介绍设置微信号的操作方法。

▼ 操作步骤 ......

第 1 步　进入【公众号设置】界面，在【公开信息】区域的【微信号】右侧，单击【设置】链接，如图 1-27 所示。

图 1-27

第 2 步 进入【设置微信号】界面，❶在【微信号】文本框中输入准备设置的微信号名称，❷然后单击【检测】按钮，如图 1-28 所示。

图 1-28

第 3 步 在【微信号】文本框下方会提示该微信号是否可用，当提示可用后，单击【下一步】按钮，如图 1-29 所示。

第 4 步 进入【确认设置】界面，显示刚刚设置的微信号，并提示"一个自然年内只能申请修改 1 次微信号"，单击【完成】按钮，如图 1-30 所示。

第 5 步 返回【公众号设置】界面，在【微信号】中即可显示刚刚设置完成的微信号，这样即可完成设置微信号的操作，如图 1-31 所示。

图 1-29

图 1-30

图 1-31

1.4.5 功能设置

【功能设置】界面包含【隐私设置】、【图片水印】和【JS 接口安全域名】三个部分，如图 1-32 所示。

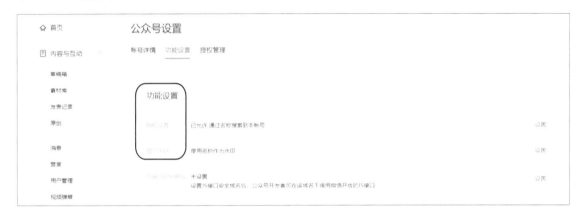

图 1-32

【隐私设置】可以设置"是否允许用户通过名称搜索到本公众号"，一般情况下建议选"是"，如图 1-33 所示。

图 1-33

【水印设置】可以为文字消息和图片消息添加水印，包含使用微信号、使用名称和不添加三种方式，如图 1-34 所示。

如果选择添加水印，那么上传图片之后系统会自动在图片右下角添加水印。如果你是有设计能力的运营者，可以在作图软件中制作一个更个性化的水印，那么在这里就可以选择"不添加"，个性化的水印自然会比系统自带的美观很多。

【JS 接口安全域名】设置后，公众号开发者可在该域名下调用微信开放的 JS 接口，具体注意事项如图 1-35 所示。

图 1-34

注意事项：
1、可填写五个域名或路径（例：wx.qq.com或wx.qq.com/mp），需使用由字母、数字、"-"或中文组成的合法域名，不支持IP地址、端口号及短链域名。
2、填写的域名须通过ICP备案的验证。
3、将文件MP_verify_nI8mWcOPOCT0mtVa.txt（点击下载）上传至填写域名或路径指向的web服务器（或虚拟主机）的目录（若填写域名，将文件放置在域名根目录下，例如wx.qq.com/MP_verify_nI8mWcOPOCT0mtVa.txt；若填写路径，将文件放置在路径目录下，例如wx.qq.com/mp/MP_verify_nI8mWcOPOCT0mtVa.txt），并确保可以访问。
4、一个自然月内最多可修改并保存五次，本月剩余保存次数：5

图 1-35

1.4.6 微信公众号的人员设置

在注册微信公众号时，运营者扫码绑定的微信号将作为公众平台管理员的微信号，公众平台自动为该微信号开启登录保护。为了保护账号的安全，提高账号的安全性，后续每次登录账号时都需要扫码验证才可登录，且不能关闭。如果有人员变动，管理员微信号可以更改，下面将详细介绍修改个人类主体账号管理员信息以及绑定运营者微信号的相关操作方法。

1. 修改个人类主体账号管理员信息

进入微信公众号首页后，在左侧的【设置与开发】功能栏下方，选择【人员设置】选项，如图 1-36 所示。

进入【人员设置】界面，单击页面右上角的【修改】链接，如图 1-37 所示。

此时，弹出【修改管理员信息】对话框，使用管理员微信号扫描二维码，进行安全验证，如图 1-38 所示。

验证完成之后，输入管理员新的手机号，填写短信验证码，然后使用绑定管理员银行卡的新微信号扫码，扫码之后在手机上确认，就可以更改管理员的微信号了，如图 1-39 所示。

图 1-36

图 1-37

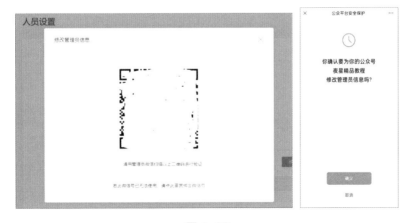

图 1-38

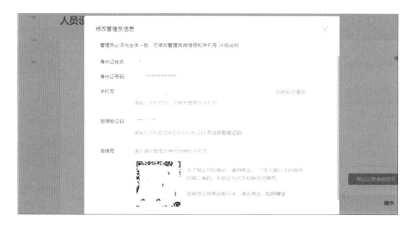

图 1-39

2. 绑定运营者微信号

通常情况下，微信公众号除了管理员之外，还会需要一些运营者，因此需要绑定一些运营者的微信号，每个公众号可以由管理员添加并绑定 5 个长期运营者的微信号（长期运营者无绑定时间限制）、20 个短期运营者的微信号（短期运营者只有 1 个月的运营权限），并且要绑定运营者微信号，该微信号必须关注当前公众号。下面详细介绍绑定运营者微信号的操作方法。

【第 1 步】进入【人员设置】界面，在【运营者管理】区域的右下角，单击【绑定运营者微信号】按钮，如图 1-40 所示。

图 1-40

第2步 弹出【绑定运营者微信号】对话框，单击【长期】或【短期（一个月）】单选按钮，❶单击【长期】单选按钮，❷在【请输入需绑定的运营者微信号】文本框中输入需要绑定的运营者微信号，❸单击【搜索】按钮，如图 1-41 所示。

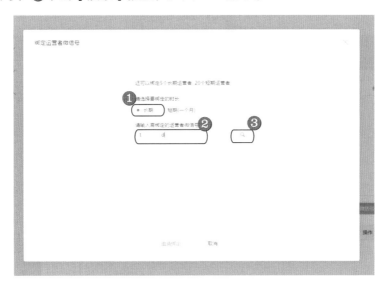

图 1-41

第3步 完成搜索后，在页面下方显示其微信昵称及头像等信息，单击【邀请绑定】按钮，如图 1-42 所示。

图 1-42

第4步 弹出【微信验证】对话框，管理员扫描二维码进行微信验证，如图 1-43 所示。

第5步 管理员扫描二维码后手机中的微信会弹出"是否邀请"的提示，点击【确定】按钮，即可允许绑定运营者微信号，如图 1-44 所示。

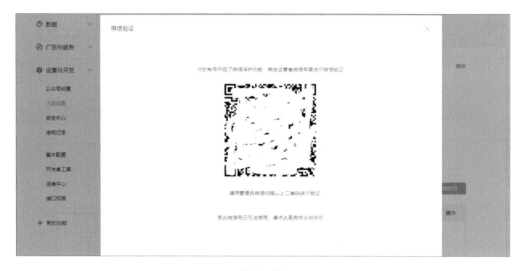

图 1-43

图 1-44

第 6 步 被邀请的运营者手机会收到邀请提醒，可以选择接受或拒绝，如果 24 小时内未操作则默认拒绝该邀请。在手机上点击【同意】按钮后，即可成为该公众号的运营者。绑定了微信号的运营者无须管理员确认即可直接登录微信公众号平台进行操作，如图 1-45 所示。

第 7 步 返回到微信公众号平台的【人员设置】界面，在【运营者管理】区域下方可以看到已经绑定的运营者微信号。如果需要撤销绑定运营者微信号，只需要单击【解除绑定】链接即可，如图 1-46 所示。

第 8 步 弹出【微信验证】对话框，管理员使用微信扫描二维码确认，如图 1-47 所示。

图 1-45

图 1-46

图 1-47

第 9 步 在手机上点击【确定】按钮，待显示"验证成功"提示信息即可，如图 1-48 所示。

图 1-48

第10步 返回微信公众号平台的【人员设置】界面，在【运营者管理】区域下方可以看到已经将运营者微信号解除绑定了，如图 1-49 所示。

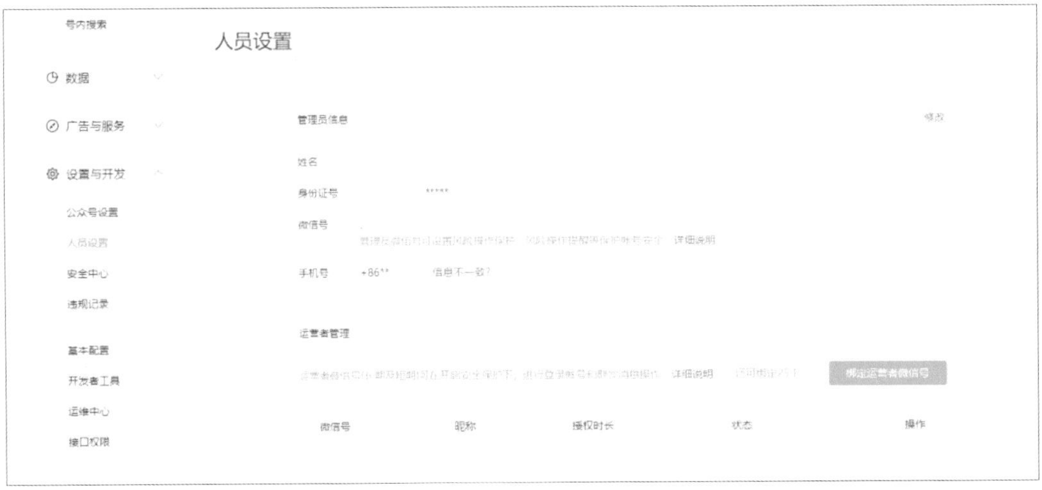

图 1-49

1.5　运营和推广微信公众账号

微信公众账号平台的推出，让微信的营销价值逐步显现。微信公众账号究竟应该怎样运营？微信公众账号运营有哪些基本的原则和规律？本节将详细介绍运营和推广微信公众账号的相关知识。

＜＜ 扫码获取配套视频课程，本节视频课程播放时长约为1分34秒。

1.5.1　微信公众账号平台的营销方式

微信公众账号平台的营销方式主要分为图片广告、植入广告和纯粹广告三种。

1. 图片广告

微信公众账号每天精选有价值的新闻、资讯等富媒体推送给订阅用户，并在文章的插图中间或者最后附上一张精心设计的广告图，要一目了然，既不影响用户的体验，又能实现广告传播效果最大化。

2. 植入广告

在推送的富媒体内容中，植入广告内容，比如，在文章、图片中植入某些品牌的名字、广告词等，这类广告无广告植入痕迹，不易引起用户抵触。

3. 纯粹广告

定期整理一定数量的"纯粹广告"进行发布，广告内容本身提供的就是一种用户需要的服务，广告效果自然最佳。

1.5.2　微信公众账号的推广策略

在微信公众账号平台上，无论媒体、商家、个体，无论品牌大小，都拥有平等的表达机会，优质的内容将保证品牌的健康持续运营。下面将介绍一些微信公众账号的推广策略。

1. 找到目标人群聚集的圈子

以"领秀职场"这个微信公众账号为例，其目标人群为职场上的精英人士，可以关注一些职业社交网站，通过这些网站的社交账号进行推广。另外，也可整理一些PPT模板等办公类资料发布在百度文库、华为网盘等地方，吸引用户下载，并进而关注自己的微信公众账号。

2. 借助现有的资源

如果产品是在线下交易，可在交易地址附近放置印有微信公众账号二维码的易拉宝。必要时，可以搞一些活动，将线下用户转移到线上。也可向身边的朋友推荐自己的微信公众账号，在名片上、邮件签名等地方也添加上微信公众账号。

3. 专注于内容建设

微信公众账号的粉丝不同于微博，粉丝数量并不能成为炫耀的资本。应该踏踏实实地做内容，将目标用户吸引过来。仍以"领秀职场"为例，平均每篇文章的内容阅读率为25%（即阅读的用户占订阅用户的比例），大家可以看看自己的微信文章是否有这样的阅读率。

1.5.3　微信公众账号平台内容写作的要素

一篇优秀的文章，通常由三个部分组成：标题、正文和结尾。在写文章之前，先拿起笔在纸上写下大脑里的所有灵感，再把这些灵感编写成提纲，就可以开始写作了。

1. 标题

一篇优秀的文章是否能吸引大量读者，标题的设置非常重要。文案高手在写文案时，都会花大量的时间来思考怎样写好一个优质的标题，为了保证标题写作成功，通常会写几十个标题，再从中选择一个比较好的标题。标题最好控制在 10 ~ 18 个字。注意，要尽量把标题写长一点，长标题更能吸引读者的注意。

2. 正文

写文章要找自己熟悉和擅长的话题，只有拥有丰富的知识储备，有独特的见解，写起来才能游刃有余。不论是创业路上的故事、公司管理经验的分享、业务之间的分歧、团队合作的故事等，都要有一定的真实性、可读性、连贯性。只要是喜欢的，都可以写成文章。

正文内容要让人看起来非常有条理，文章的段落按重要性一、二、三向下排列，每段开头的第一句话，通常是对该段内容的总结。要注意删除每一个多余字、每一句废话，一篇文章写好之后，自己一定要通读一遍，这个阶段的主要工作就是删除废话，确保文章言简意赅，内容紧凑。

3. 结尾

结尾主要是对本篇文章做一个简单的总结，通过总结使读者更重视你提出的观点，或者引发读者更深的思考。我们经常看到很多访谈节目，最后都会请访谈人用一句话来总结当天谈话的主要内容。很多人都喜欢用名人名言来作为总结，这也是很好的方法。

1.5.4　微信公众账号运营规范

在运营者真正开始运营微信公众账号之前，必须了解微信公众账号的运营规则。如果违反平台规则，平台将会根据违规程度对公众号采取相应的处理措施，甚至封号或注销。

在微信公众账号平台上，不管哪个页面，底部都有一个菜单栏，运营者可以单击【运营中心】链接，如图 1-50 所示。

图 1-50

进入【微信公众平台运营中心】页面，可以查看注册、认证、行为、发送内容、数据和支付等运营规范，如图 1-51、图 1-52 所示。

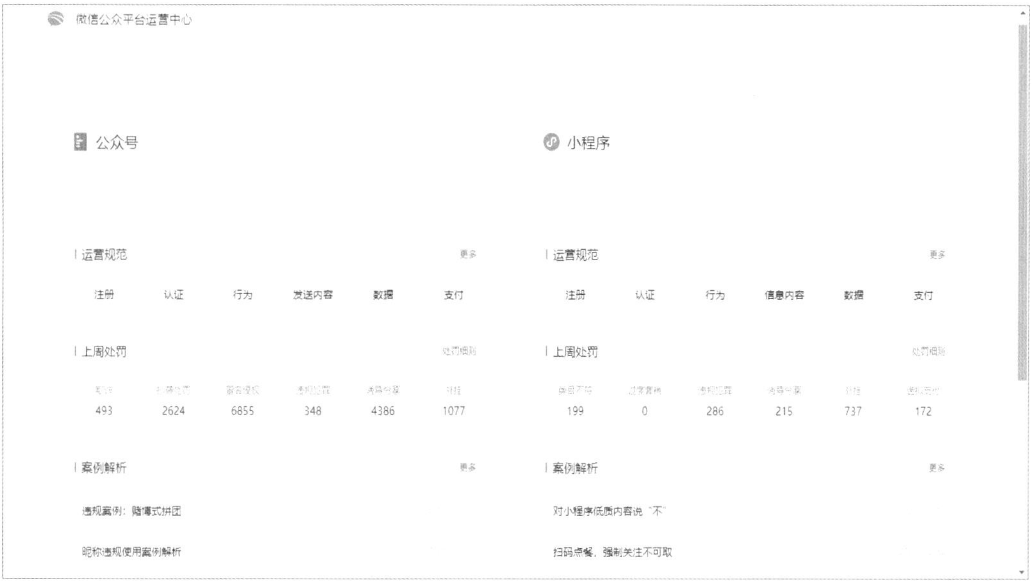

图 1-51

微信·公众平台
一 原则
二 相关条款
三 运营规范
1 注册规范
2 认证规范
3 微信公众帐号行为规范
3.1 使用外挂行为
3.2 刷粉行为
3.3 诱导行为
3.4 恶意篡改功能行为
3.5 浪费帐号资源行为
3.6 滥用原创声明功能
3.7 滥用赞赏功能
3.8 违法经营行为
3.9 滥用模板消息接口行为
3.10 滥用客服消息行为
3.1 使用外挂行为
违规内容
未经腾讯书面许可使用插件、外挂或其他第三方工具、服务接入本服务和相关系统。
处罚规则
一经发现将根据违规程度对该公众帐号采取相应的处理措施。
违规示例
利用任何第三方工具或其他方式规避群发限制策略，包括但不限于用公众平台的单发功能来实现群发功能，意图规避公众平台对于群发次数的限制等。
查看“使用外挂行为”案例
3.2 刷粉行为
3.2.1 利用第三方运营平台、外挂软件、系统漏洞对公众号进行刷粉的行为，包括僵尸粉刷粉、漏洞刷粉、外挂软件刷粉等非官方、非正规渠道形式的刷粉。
3.2.2 制作、发布与以上几种刷粉行为相关的方法、工具等内容，或对此类方法、工具进行操作或传播，无论这些行为是否出于商业目的，使用者帐号都将被处理。
处罚规则
一经发现将根据违规程度对该公众号采取相应的处理措施。
3.3 诱导行为

图 1-52

第2章

轻松操作微信公众号平台

随着移动互联网的飞速发展，新媒体行业应运而生，作为自媒体平台中的佼佼者，微信公众号更是在我们的生活中无处不在。相较于传统媒体而言，丰富的多媒体元素使得一篇文章不再是白纸黑字那么简单，在视觉上可以有更多的表现形式。本章将详细介绍操作微信公众号平台的相关知识。

2.1 快速学会推送公众号文章

现在不管是企业还是商家，都有自己的微信公众号，每天编辑一篇文章，推送出去，可提高品牌知名度。那么编辑一篇文章，有几种推送方法呢？本小节将详细介绍公众号文章推送的相关知识。

2.1.1 推送单篇文章

推送单篇文章一般需要进入【图文消息】页面，然后编辑内容，并设置封面和摘要，而且还可以进行推文预览，最后就可以进行推文发送了。下面详细介绍推送单篇文章的相关操作方法。

<< 扫码获取配套视频课程，本节视频课程播放时长约为 2 分 34 秒。

操作步骤 ....

第 1 步 进入微信公众号平台首页后，在【新的创作】区域下方，单击【图文消息】按钮，如图 2-1 所示。

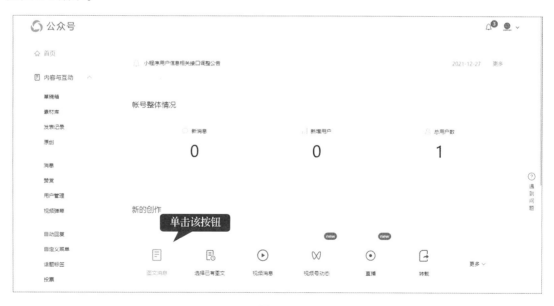

图 2-1

第 2 步 进入一个新的图文素材编辑页面，这里必须填写的内容包括文章的标题、正文内容和封面图，其中作者栏可以不填写，如果内容为原创，则可以填写作者名字从而进行原创声明。如果需要插入图片、添加视频和音频等文件，则可以单击相应的按钮进行添加，如

图 2-2 所示。这里需要注意的是，上传的视频、音频等文件都有规则限制，用户需要根据要求进行操作。另外，在图文编辑页面中编写文章时，一定要养成随时保存的习惯。

图 2-2

第 3 步 图文消息编辑完成后，下面就是设置【封面和摘要】栏了，其中摘要栏的内容通常为概述推文的文字，如果不填写，那么系统就会自动抓取正文中的前 54 个字，如图 2-3 所示。

图 2-3

第 4 步 摘要填写完成后就需要给文章挑选一张漂亮的封面图，封面图是整个文章的门面，非常重要。将鼠标指针移动到选择封面的位置，系统会弹出一个下拉列表框，可以选择【从正文选择】或【从图片库选择】选项，这里选择【从正文选择】选项，如图 2-4 所示。

图 2-4

第 5 步 弹出【选择图片】对话框，❶选中准备作为封面的图片，❷单击【下一步】按钮，如图 2-5 所示。

第 6 步 选择图片后，❶用户需要通过调整裁剪框的位置和大小，选择合适的区域作为封面，❷然后单击【完成】按钮，如图 2-6 所示。

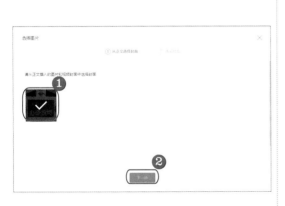

图 2-5

图 2-6

第 7 步 图文消息设置完成后，可以进行发送预览操作，单击页面最下方的【预览】按钮，如图 2-7 所示。

图 2-7

第 8 步 弹出【发送预览】对话框，在文本框中输入自己的预览微信号，单击【确定】按钮，此时，在自己的手机上即可查看公众号的推文。如果其他人要进行预览，也可以按 Enter 键分隔，输入多个微信号，从而实现多人同时预览检查，如图 2-8 所示。

图 2-8

第 9 步 确认文章无误之后，单击页面最底部的【群发】按钮，如图 2-9 所示。

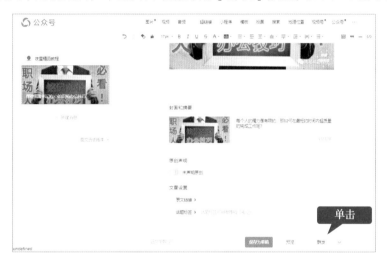

图 2-9

第10步 弹出【群发消息】对话框，用户可以在该页面设置是否定时群发或分组群发，如果都不需要，就直接单击【群发】按钮，如图 2-10 所示。

图 2-10

第11步 弹出【群发消息】对话框，提示"消息开始群发后无法撤销"，单击【继续群发】按钮，如图 2-11 所示。

第12步 弹出【微信验证】对话框，管理员或运营者用手机扫描二维码进行验证，在手机上进行确认后，就可以完成推送单篇文章了，如图 2-12 所示。

图 2-11　　　　　　　　　　　图 2-12

2.1.2　推送多篇文章

很多刚接触微信公众号的运营者都有一个问题，就是不知道如何推送多篇文章消息，下面详细介绍推送多篇文章的操作方法。

<<　扫码获取配套视频课程，本节视频课程播放时长约为 34 秒。

操作步骤

第 1 步 进入【图文编辑】页面，在编辑区域左侧，将鼠标指针移动到【+新建消息】上方，会出现 6 个选项，选择【写新图文】选项，如图 2-13 所示。

图 2-13

第 2 步 此时，在上一小节创建的文章下方，会出现新图文素材编辑区，按照上一小节介绍的方法，编辑一篇新的图文消息，即可完成多篇文章的编辑，然后使用之前介绍过的方法进行群发，即可推送多篇推文，如图 2-14 所示。

图 2-14

添加多篇推文之后，第 1 篇推文被称为"头条"，正常情况下阅读量是最高的。头条后面的推文称为"次条"，在正常情况下次条的阅读量为头条的 1/3。微信公众号一次最多可以发送 8 篇文章，但在手机订阅号上推送的文章只能显示前 2 篇，其余内容都被折叠起来了，只有点击"余下 X 篇"才能查看剩下的文章，如图 2-15 所示。

图 2-15

2.1.3　安排文章的顺序

　　　　运营者该如何安排文章的顺序？在订阅号中，第 3 条以后的文章被打开的概率非常低，因此运营者要合理安排"次条"的顺序，将相对重要的文章放在前面。

　　　　　<< 扫码获取配套视频课程，本节视频课程播放时长约为 25 秒。

▼ 操作步骤 ....

第1步 进入【图文编辑】页面，在编辑区域左侧，将鼠标指针移动到需要调整顺序的文章上，会出现上下箭头，单击相应方向的箭头即可更改文章的前后位置，如图2-16所示。

图2-16

第2步 此时，可以看到文章的顺序已经调整了，用户还可以单击【删除】按钮，将不需要的文章删除，如图2-17所示。

图2-17

2.2 查阅公众号数据功能

微信公众号平台的数据功能是运营者每天必须关注的内容，微信公众号平台在这方面的服务非常细致。数据功能共6项，分别是内容分析、用户分析、菜单分析、消息分析、接口分析和网页分析，本节将详细介绍数据功能的相关知识及使用方法。

2.2.1 查阅公众号整体数据信息

运营者登录微信公众号平台后，在首页即可查看到该公众号整体的数据情况，包括新消息、新增用户、总用户数，如图2-18所示。本节将详细介绍查阅公众号整体数据信息的相关知识。

<< 扫码获取配套视频课程，本节视频课程播放时长约为1分14秒。

图 2-18

1. 新消息

新消息数值表示后台的用户消息，单击"新消息"数值后，会进入【消息管理】页面。运营者可以查看最近几天用户发来的消息，并且在用户发来的消息右侧，运营者可以执行进入聊天、加入黑名单、删除聊天等操作，如图 2-19 所示。

图 2-19

如果想要永久保存用户发来的某条消息，可以单击用户发来的消息右侧的【收藏】按钮，点亮之后即可将该消息收藏，然后在【已收藏消息】中查看所有收藏的消息，如图 2-20 所示。

图 2-20

如果运营者需要回复该条消息，单击【快捷回复】链接，就可以给用户发送回复消息，如图 2-21、图 2-22 所示。

图 2-21

图 2-22

2. 新增用户

新增用户数值表示目前该微信公众号新增的用户数量，单击"新增用户"的数值，会进入【用户管理】页面。将鼠标指针移动到某一个用户头像上，运营者可以对其进行打标签、加入黑名单、修改备注等操作，并且还可以看到用户与该公众号的互动情况，如图 2-23 所示。

3. 总用户数

总用户数表示目前关注该公众号的人数，这个数据是实时更新的，只要关注人数有增减，数值就会实时产生变化。单击"总用户数"的数值之后，也会进入【用户管理】页面，查看所有关注该公众号的用户，其实，运营者在首页左侧单击【用户管理】选项，也可以进入该页面，如图 2-24 所示。

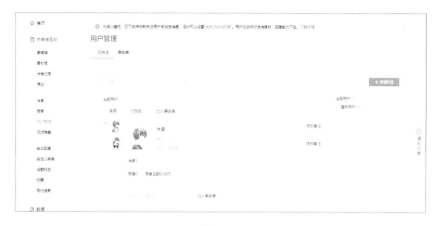

图 2-23

图 2-24

2.2.2　内容分析

　　微信公众号平台发布的每一条推文消息，在第 2 天都能看到具体的数据。进入微信公众号平台后台，然后在左侧【数据】区域下方选择【内容分析】选项，即可进入【内容分析】页面。

　　＜＜ 扫码获取配套视频课程，本节视频课程播放时长约为 44 秒。

　　在页面的【群发分析】分页中切换到【单篇群发】选项卡，即可查看到具体的数据，如图 2-25 所示。

　　其中"送达阅读率"是指发布图文消息后用户阅读的比率。"阅读次数"就是指截至目前有多少读者阅读过，这些读者不一定是你的用户，也可能是该图文消息被转发到朋友圈后被别的微信用户看到了。需要注意的是，同一时间发布的图文阅读量可能差异比较大，这就说明图文的标题、配图和文章刺激度不同，这就提醒运营者要提高图文质量。"分享次数"则直接反映了图文的质量，越好的图文自然被分享得就越多。

图 2-25

2.2.3 用户分析

在微信公众号平台的用户分析中可以看到昨日关键指标，包括粉丝新关注人数、取消关注人数、净增关注人数和累计关注人数等。本节将详细介绍用户分析的相关知识。

<< 扫码获取配套视频课程，本节视频课程播放时长约为33秒。

进入微信公众号后台管理界面，在左侧【数据】功能栏下方选择【用户分析】选项，即可进入【用户分析】页面，如图 2-26 所示。

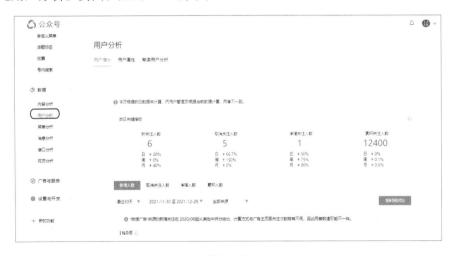

图 2-26

在微信公众号平台用户分析的用户增长中可以看到整体的新增人数、取消关注人数、净增人数和累计人数统计，如图 2-27 所示。

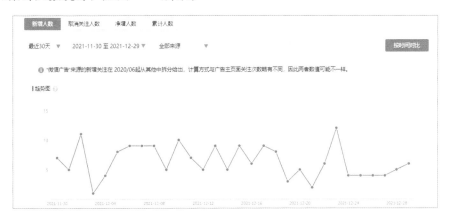

图 2-27

用户增长页面还有详细数据，可以下载到电脑中查看详细的表格数据，单击【下载表格】链接即可，如图 2-28 所示。

2021-11-30 至 2021-12-29				下载表格
时间	新关注人数	取消关注人数	净增关注人数	累计关注人数
2021-12-29	6	5	1	12400
2021-12-28	5	3	2	12399
2021-12-27	4	3	1	12397
2021-12-26	4	3	1	12396
2021-12-25	4	4	0	12395
2021-12-24	4	6	-2	12395

图 2-28

2.2.4　菜单分析

自定义菜单数据分析是微信公众号运营中非常重要的一个参考指标，利用好这个指标，做好微信号菜单设计，可以加强微信粉丝和公众号的互动。

<< 扫码获取配套视频课程，本节视频课程播放时长约为 42 秒。

菜单分析是指用户对微信公众号设置的自定义菜单点击的数据分析，如图 2-29 所示。

通过对菜单的数据分析可以让运营者了解用户的喜好，知道目标用户对哪些内容感兴趣，通过每周或每月一换自定义菜单内文案的方式来对比，找出更符合用户口味的自定义菜单。下面介绍菜单分析中的指标说明。

➢ 菜单点击次数：菜单被用户点击的次数。

➢ 菜单点击人数：点击菜单的去重用户数。

➢ 人均点击次数：菜单点击次数 / 菜单点击的去重用户数。

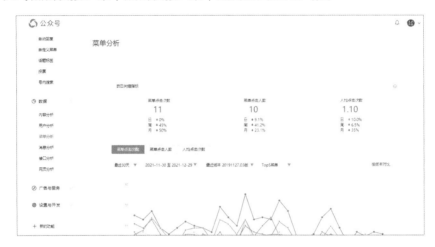

图 2-29

2.2.5 消息分析

消息分析是指用户发给微信公众号的消息，这也直接反映了该账号的活跃度，以及消息的自动回复情况。【消息分析】页面如图 2-30 所示。

<< 扫码获取配套视频课程，本节视频课程播放时长约为 13 秒。

图 2-30

2.2.6 接口分析

在接口分析页面可以查看调用次数、失败率、平均耗时和最大耗时。该模块只对成为开发者的用户可见，且无须开启开发模式即可显示，如图 2-31 所示。

<<扫码获取配套视频课程，本节视频课程播放时长约为 37 秒。

图 2-31

接口分析指标如下。

➤ 调用次数：接口被调用总次数。

➤ 失败率：调用失败的次数/接口被调用总次数。

➤ 平均耗时：接口调用的总时长/接口被调用成功总次数。

➤ 最大耗时：接口调用耗时的最大值。

2.2.7 网页分析

网页分析方便拥有后台接口来源的公众号及时查看每个接口被调用的数据，开发者也可以根据这些数据对细节进一步优化，比如哪个接口的调用量较高，就可以在该接口对文章标题、图片等进行优化，提高用户体验与曝光度。

<<扫码获取配套视频课程，本节视频课程播放时长约为 26 秒。

网页分析页面由两部分数据组成，分别是"页面访问量"和"JSSDK 调用统计"。"页面访问量"下面包含所有后台接口的名称，单击每个名称也可以看到相应接口每天被

调用的数据。"JSSDK 调用统计"将每个接口调用的次数和人数清晰明了地展现出来，如图 2-32 所示。

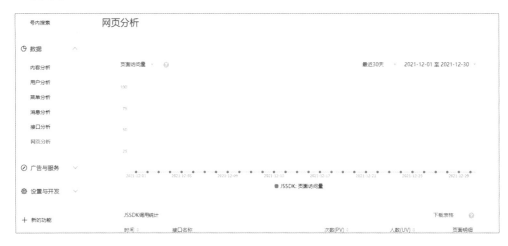

图 2-32

2.3　基本功能和个性化设置

进入微信公众号后台管理界面，在左侧可以看到一个"内容与互动"栏，它在后台管理中占据非常重要的地位，因此熟练地应用公众号的内容与互动，是后台操作的重点任务。本节将详细介绍一些"内容与互动"栏基本功能和个性化设置的相关知识及操作方法。

2.3.1　自动回复

　　微信公众号平台的自动回复功能是为了减少人工的工作量，可以对用户经常发送的文字信息进行自动回复。自动回复可以分为三类，分别为"被关注自动回复""收到消息自动回复"和"关键词自动回复"。

<< 扫码获取配套视频课程，本节视频课程播放时长约为 1 分 26 秒。

"关键词自动回复"是一般公众号使用最多的一种自动回复功能，下面详细介绍设置关键词自动回复的操作方法。

第 1 步 进入微信公众号后台管理界面，在左侧功能栏中的【内容与互动】栏中找到【自动回复】选项并单击，如图 2-33 所示。

图 2-33

第 2 步 打开【自动回复】页面，选择【关键词回复】标签，进入【关键词回复】页面，然后单击【添加回复】按钮，如图 2-34 所示。

图 2-34

第 3 步 开启【新建规则】页面，❶在【规则名称】文本框中输入规则名，❷在【关键词】文本框中输入准备添加的关键字，可以添加多个关键字，单击右侧的【添加】按钮，会自动显示，❸关键字添加完成后，就可以选择回复内容了，可以是文字、图片、音频和视频，这里单击【图片】按钮，如图 2-35 所示。

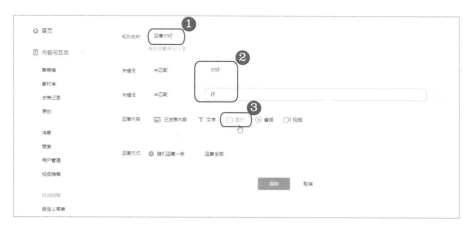

图 2-35

第 4 步 弹出【选择图片】对话框，单击【上传文件】按钮，如图 2-36 所示。

图 2-36

第 5 步 弹出【打开】对话框，❶选择准备作为自动回复的图片，❷单击【打开】按钮，如图 2-37 所示。

图 2-37

第 6 步 返回【选择图片】对话框，可以看到提示"上传成功"信息，❶选择刚刚上传的图片，❷单击【确定】按钮，如图 2-38 所示。

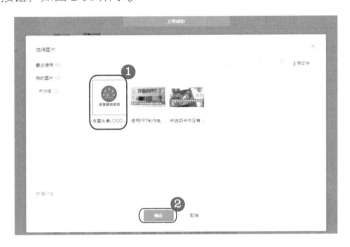

图 2-38

第 7 步 返回【新建规则】页面中，可以看到已经显示了刚刚选择的进行自动回复的图片，单击【保存】按钮，如图 2-39 所示。

图 2-39

第 8 步 此时，若使用微信给该公众号发送"你好"关键字，系统就可以自动回复刚刚选择的图片，如图 2-40 所示。

图 2-40

2.3.2 自定义菜单

微信公众号可以在聊天界面底部设置自定义菜单，菜单项可按需设定，并可为其设置响应动作。用户可以通过点击菜单项，收到运营者设定的响应，如收取消息、跳转链接等，如图 2-41 所示。

<< 扫码获取配套视频课程，本节视频课程播放时长约为 1 分 20 秒。

图 2-41

下面详细介绍微信公众号平台自定义菜单的设置方法。

操作步骤

【第 1 步】 进入微信公众号后台管理界面，❶在左侧的【内容与互动】功能栏中选择【自定义菜单】选项，❷在右侧区域，单击【添加菜单】按钮，如图 2-42 所示。

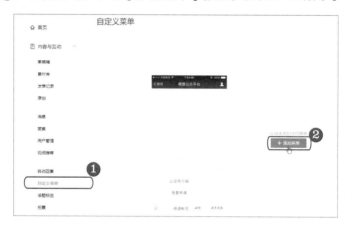

图 2-42

【第 2 步】 进入【菜单编辑】界面，❶在【菜单名称】文本框中输入主菜单名称，❷单击界面底部的【加号】按钮，如图 2-43 所示。

【第 3 步】 系统会自动创建 1 个子菜单，❶在【子菜单名称】文本框中输入子菜单名称，❷在【子菜单内容】选项组中选择准备应用的内容，这里选择【发送消息】单选按钮，❸单击【图片】按钮，❹单击【上传图片】按钮，如图 2-44 所示。

【第 4 步】 弹出【打开】对话框，❶选择准备应用的图片素材，❷单击【打开】按钮，如图 2-45 所示。

图 2-43

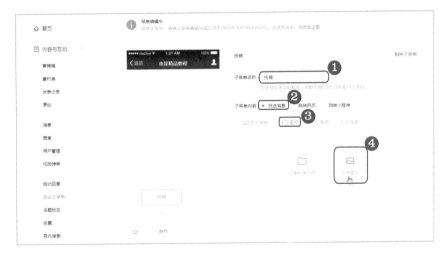

图 2-44

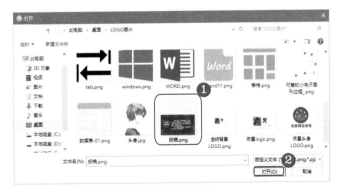

图 2-45

第5步 返回【菜单编辑】界面，可以看到已经显示了刚刚编辑的主菜单、子菜单以及作出的响应消息内容，单击【保存并发布】按钮，如图 2-46 所示。

图 2-46

第6步 弹出【温馨提示】对话框，提示是否确认发布，单击【确定】按钮，如图 2-47 所示。

第7步 此时，用户若通过微信点击该公众号的【合作】→【投稿】菜单项，系统就可以自动给出刚刚编辑的消息，如图 2-48 所示。

图 2-47

图 2-48

2.3.3 话题标签

微信公众号的话题标签功能是由原专辑（原页面模板）模块升级而来的功能，是公众号提供给内容创作者管理历史内容的能力。

<< 扫码获取配套视频课程，本节视频课程播放时长约为 1 分 39 秒。

　　微信公众号可以在话题内添加相同主题的内容，方便用户连续浏览，支持创建图文、视频和音频类型话题，如图 2-49 所示。

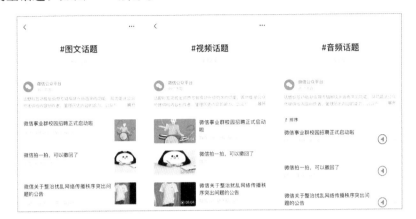

图 2-49

　　下面详细介绍使用话题标签的操作方法。

操作步骤

第 1 步 登录微信公众号平台，选择左侧功能栏中的【话题标签】选项，可以进入【话题标签】的主页。该功能面向所有的公众号，无门槛，支持图文话题、视频话题和音频话题。这里以图文话题为例，制作一个"精彩 PPT 教程"话题页面。❶单击【创建话题】下拉按钮，❷选择【图文话题】选项，如图 2-50 所示。

图 2-50

第 2 步 进入【图文话题】界面，❶在【话题名称】文本框中输入话题的名称，❷在【话题简介】文本框中输入该话题的简介内容，❸单击【添加】按钮，如图 2-51 所示。

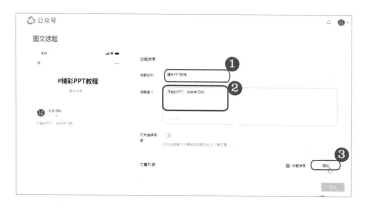

图 2-51

第 3 步 弹出【选择已有图文】对话框，❶勾选已发布的文章作为话题标签内容，❷单击【确定】按钮，如图 2-52 所示。

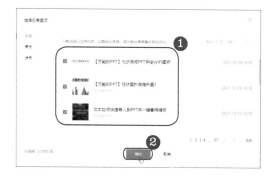

图 2-52

第 4 步 返回【图文话题】界面中，❶可以勾选【倒序】和【标题序号】复选框，以进行排序操作，❷单击【发布】按钮，如图 2-53 所示。

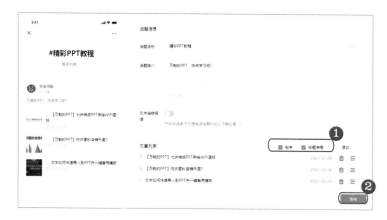

图 2-53

第 5 步 弹出一个对话框，提示"话题名称每天至多修改一次"信息，单击【确定】按钮，如图 2-54 所示。

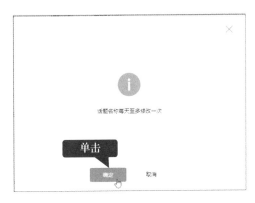

图 2-54

第 6 步 发布后，页面会跳转到话题列表页，在这里可以对话题进行编辑、删除、复制链接等操作，如图 2-55 所示。

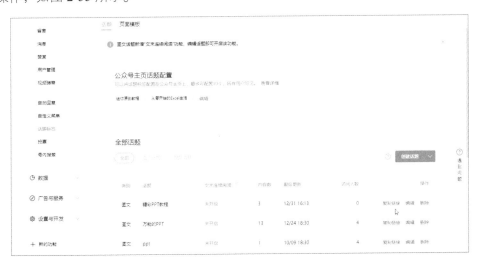

图 2-55

上面已经创建好一个话题，此时有人就要问，刚刚创建的这个话题去哪里看呢？其实查看起来十分方便，打开该公众号，在历史文章页找到刚刚勾选的文章，点进去，就能看到不一样的地方。如图 2-56 所示，可以看到该文章顶部出现"收录于话题 # 精彩 PPT 教程"提示。

订阅者看到该文章时，点击该话题，就可以看到相同主题的内容列表（即话题页），如图 2-57 所示。

图 2-56

图 2-57

　　话题标签支持分享给好友或朋友圈，通过好友的分享，可以让更多的人浏览到你发布的内容。同时，话题标签也支持收藏到微信，用户可以对持续关注的话题标签内容进行收藏，方便后续阅读。需要注意的是，每篇文章最多添加五个话题标签，话题名称每天至多修改一次。

2.3.4 留言管理

　　如果用户想与平台沟通，那么可以在平台留言，而运营者可以通过微信公众号后台对这些留言进行管理。下面详细介绍留言管理功能的具体操作方法。

　　＜＜扫码获取配套视频课程，本节视频课程播放时长约为 1 分 07 秒。

操作步骤

第 1 步　进入微信公众号后台管理界面，在左侧的功能栏选择【留言】选项，进入【留言】界面，将鼠标指针移动至一条留言的右侧，可以看到在留言的右侧会出现几个图标，分别表示【精选】、【置顶】和【回复】等，单击【精选】图标 ☆，即可进行精选操作，如图 2-58 所示。

图 2-58

第 2 步 成功设置网友留言精选之后，在留言右侧的【操作】栏的下方，就会出现一个点亮的【精选】图标☆，表示该留言已精选，如图2-59所示。当然，如果不小心点错了或者要将已加入精选的留言撤销，可以单击点亮的【精选】图标☆撤销精选。

图 2-59

第 3 步 除了可以精选留言外，还可以将留言置顶或删除。另外，用户在查看留言时，如果觉得留言太多、太复杂，可以通过该界面留言上方的选项进行筛选，如图2-60所示，还可以通过右上角的搜索框进行搜索。

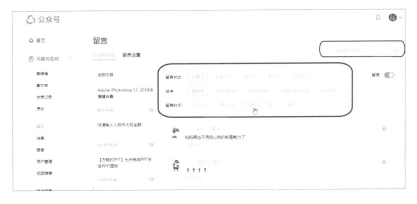

图 2-60

2.4 进阶编辑公众号内容和功能

前文介绍了如何快速编辑推送公众号文章以及一些基本功能设置，接下来将详细介绍如何在公众号中插入引用、投票管理、插入小程序、原创管理、号内搜索等相关知识及操作方法。

2.4.1 插入引用

如果某段内容并非原创，而是某个公众号中的内容，运营者就可以利用引用功能进行标注，使用引用功能是对原创作者的尊重。下面详细介绍如何插入引用。

<< 扫码获取配套视频课程，本节视频课程播放时长约为 55 秒。

操作步骤

第 1 步 进入图文素材编辑界面后，运营者可以单击编辑区中的【引用】按钮 💬，插入引用格式，如图 2-61 所示。

图 2-61

第 2 步 弹出【插入引用格式】对话框，❶填写引用的文本内容，❷在【查找来源】中用户可以选择【输入文章地址】或者【查找公众号文章】，这里选择前者，❸然后输入文章链接地址，❹单击【确定】按钮，如图 2-62 所示。

第 3 步 在【查找来源】中，如果选择后者，那么我们还需要查找到对应的公众号以及文章等，比较烦琐，如图 2-63 所示。

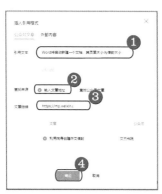

图 2-62

图 2-63

第4步 在正文中插入引用后的效果，如图 2-64 所示。

第5步 如果引用的内容是外部内容，那么要先填写引用的文本内容，然后输入引用的文本内容来源，最后单击【确定】按钮即可，如图 2-65 所示。

图 2-64

图 2-65

第6步 设置引用外部内容后的效果，如图 2-66 所示。

也写作"展信安"，适用于书信开头，意思是：希望你打开这封信的时候，一切安好。

图 2-66

知识拓展

如果标注了某段话是引用的，那么运营者将文章标注为原创后，微信公众号平台在进行原创内容审核时，不会将这段内容计入原创内容。

2.4.2 投票管理

微信投票作为微信后台自带的一项功能，其特有的性质也吸引了无数的微信运营人员，这个功能看似简单，但只要用好，能够带来巨量的粉丝用户。下面详细介绍应用投票管理的相关操作方法。

<< 扫码获取配套视频课程，本节视频课程播放时长约为 1 分 12 秒。

操作步骤

第1步 进入微信公众号后台管理界面，在左侧的功能栏中找到【投票】选项并单击，进入【投票】界面，单击【新建投票】按钮，如图 2-67 所示。

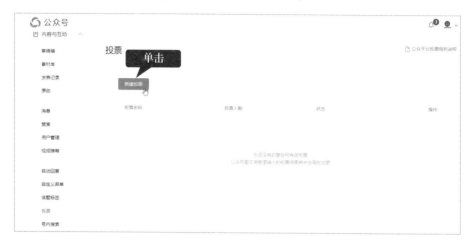

图 2-67

第2步 进入【新建投票】页面，在这里需要详细地设置与投票内容相关的图文消息、截止时间、投票权限等，如图 2-68 所示。

图 2-68

第3步 设置完相关的投票内容后，单击【保存并发布】按钮，如图 2-69 所示。

第4步 弹出【发布投票】对话框，单击【发布】按钮，如图 2-70 所示。

第5步 如果想查看详细的投票情况，可以在【投票管理】界面中，找到想要查看的投票名称，单击【详情】链接，如图 2-71 所示。

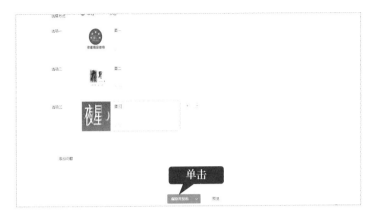

图 2-69

图 2-70

图 2-71

第6步 打开【投票详情】页面，可以在该页面中查看详细的投票情况，如图2-72所示。

图 2-72

第7步 如果准备群发给用户，可以进入【新建消息】页面，单击页面上方的【投票】按钮，选择刚刚编辑好的投票，然后编辑好图文消息后，单击【群发】按钮就可以发给用户了，如图2-73所示。

图 2-73

2.4.3 插入小程序

　　微信小程序是一种不需要下载安装即可在微信中使用的应用，用户使用微信扫一扫功能或者在微信上搜索即可打开小程序。小程序和公众号关联之后，可以实现公众号与小程序之间的相互跳转，使用起来非常便捷。

<< 扫码获取配套视频课程，本节视频课程播放时长约为 1 分 22 秒。

操作步骤

第 1 步 进入【图文编辑】页面，单击页面上方的【小程序】按钮，如图 2-74 所示。

图 2-74

第 2 步 弹出【选择小程序】对话框，❶在搜索框中输入想要插入的小程序名称、App ID 或账号原始 ID，❷输入后，会在下方显示小程序的头像和名称，❸核对无误后，单击【下一步】按钮，如图 2-75 所示。

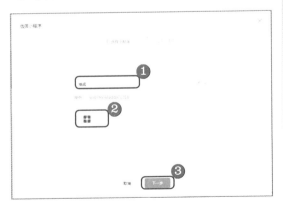

图 2-75

第 3 步 进入填写详细信息页面。运营者希望用户直接跳转到小程序指定的页面，此时就需要获得更多的页面路径，单击【获取更多页面路径】链接，如图 2-76 所示。

图 2-76

第 4 步 弹出一个操作提示页面，在【开启入口】中输入运营者的微信公众号，然后单击【开启】按钮，如图 2-77 所示。

图 2-77

第 6 步 获得一个页面路径之后，将其粘贴到【小程序路径】中，在【展示方式】中运营者可以根据需要设置【文字】、【图片】、【小程序卡片】、【小程序码】等。❶将本实例设置为【文字】展示方式，❷在【文字内容】文本框中输入文字说明，❸单击【确定】按钮，如图 2-79 所示。

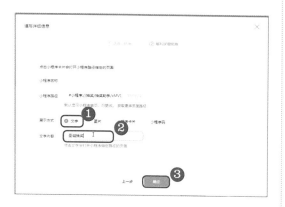

图 2-79

第 5 步 ❶在刚才选择的小程序中点击右上角的菜单按钮，❷点击【复制链接】按钮，运营者就可以获得任意一个需要的页面路径了，如图 2-78 所示。

图 2-78

第 7 步 此时，返回到图文编辑页面，我们就可以看到插入的小程序效果。这样即可完成插入小程序的操作，如图 2-80 所示。

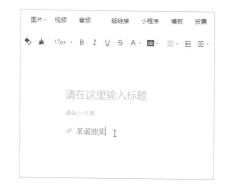

图 2-80

2.4.4 原创管理

在微信公众号平台上，如果推送的是自己原创的文章，那么运营者应该在文章中声明原创，以保护自身权益，并且运营者可以对自己的原创文章进行相关的管理操作，如设置转载权限。下面详细介绍其操作方法。

<< 扫码获取配套视频课程，本节视频课程播放时长约为 1 分 10 秒。

操作步骤

第1步 登录微信公众号平台后，选择功能栏中的【原创】选项，进入相应的页面，这里以【原创图文】为例，可以看到在右侧有【转载设置】和【转载数据】两个链接，单击【转载设置】链接，如图 2-81 所示。

图 2-81

第2步 进入【原创图文管理】页面，该页面有【单篇可转载账号】和【全局可转载账号】两个选项，这里单击【单篇可转载账号】右侧的【添加】按钮，如图 2-82 所示。

图 2-82

第3步 弹出【添加转载权限】对话框，在搜索框中搜索并选择要设置转载权限的公众号，如图 2-83 所示。

图 2-83

第4步 执行完上述操作之后，即可进入【添加转载权限】页面，其中有【转载文章时可以修改】选项和【转载文章时可以不展示来源】选项，这里选中【转载文章时可以修改】选项，然后单击【确定】按钮，如图 2-84 所示。

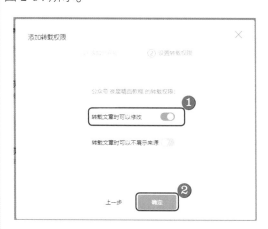

图 2-84

第 5 步 返回微信公众号平台的【原创图文管理】页面，可以看到添加的可转载公众号，如图 2-85 所示。

图 2-85

第 6 步 如果运营者想要取消该公众号的转载权限，可以单击页面右侧的【移出】按钮，在弹出的对话框中，单击【移出】按钮即可，如图 2-86 所示。

图 2-86

2.4.5 号内搜索

微信公众号功能栏目新增加的号内搜索功能，可以自定义设置推荐搜索关键词，展现关键词相关文章，大大增加公众号文章的曝光度。对于用户来说，可以通过运营者所展现的搜索词直接点击搜索，也可以自己输入搜索词搜索想要看到的内容。下面详细介绍有关号内搜索的相关知识及方法。

<< 扫码获取配套视频课程，本节视频课程播放时长约为 43 秒。

▼ **操作步骤**

第 1 步 登录微信公众号平台后，选择功能栏中的【号内搜索】选项，进入【号内搜索】页面，单击【创建】按钮，如图 2-87 所示。

图 2-87

第 2 步 开始设置公众号推荐搜索词，搜索词最多可创建 6 个，在文本框中输入搜索词，样式预览图里就会展现相应的搜索词，如图 2-88 所示。

图 2-88

第 3 步 搜索词创建完成之后，还可以将它们进行顺序调换，如图 2-89 所示。

图 2-89

第 4 步 完成设置之后，单击页面最下方的【保存】按钮即可，如图 2-90 所示。

图 2-90

第 5 步 完成保存设置后，使用手机打开微信公众号，点击右上角的放大镜图标，就会进入号内搜索功能页面，输入关键词即可进行号内搜索，如图 2-91 所示。

图 2-91

第3章

公众号图文内容创作

图文消息是目前公众号使用最多的形式，集合了文字、图片、音频消息等大部分的优点。图文消息有着丰富的内容及多样化的表现形式，微信运营者可以根据自身的特点及实际使用需要，合理地运用。本章将详细介绍图文内容创作的相关知识，主要包括公众号的栏目、文章的标题和摘要、文章规划与写作、封面图、文章配图等相关知识。

3.1 公众号的栏目

微信内容栏目的设置是一个非常重要的问题，可以结合品牌特点以及品牌想传递的信息来分类。不光企业，任何想玩转微信公众号的人都需要考虑栏目设置的问题，其实就是考虑自己的目标人群希望看到什么问题，要便于粉丝阅读和选择，带给用户更好的体验。本节将根据行业介绍几大类微信内容栏目设置的相关知识。

3.1.1 影视类微信内容栏目的设置

 作为影视类企业微信，建议根据细化的客户分组推送。主要分两组，第一组是影讯图片；第二组是更多栏目内容，主要包括每天排映的影片、影片类型、导演、演员名单等。

<<扫码获取配套视频课程，本节视频课程播放时长约为 35 秒。

影视类微信内容栏目的设置如表 3-1 所示。

表 3-1 影视类微信内容栏目的设置

板块栏目	电影娱闻	精彩影评	生活百科	影院趣闻
栏目内容	明星趣闻、电影资讯、专题策划	电影影评、观后感	居家小常识、旅游小常识、急救常识、社交礼仪、网络热词、美容瘦身	幽默对话、温馨故事
图文形式	图片、文字	图片、文字	图片、文字	文字
图片要求	不超过两张	不超过两张	不超过一张	无
字数要求	不超过 800 字	不超过 800 字	不超过 300 字	不超过 300 字
主要客户	电影发烧友	有选择困难症的用户	女性朋友	投诉客户
建议理由	满足客户需求	帮助找到对的"菜"	内容易传播	消除不必要的投诉

建议先推出四个板块栏目内容，试运行一个月后，在影讯图片下方互动交流，了解客户最喜欢的板块内容及建议，再进行改进。

3.1.2 政府机构微信内容栏目的设置

 政府机构微信内容栏目的设置是以深圳市罗湖区人民法院为例，深圳市罗湖区人民法院是全国法院系统首家开通实名认证官方微信公众号的法院，如果遇到相关的法律问题，只要在手机微信客户端动动手指，就可以通过微信与深圳市罗湖区人民法院实现便捷互动了。

<<扫码获取配套视频课程，本节视频课程播放时长约为 25 秒。

深圳市罗湖区人民法院结合工作职能和特点，在微信公众号平台设置了"司法公开""诉讼服务""走进罗法"等 3 个主栏目，如表 3-2 所示。用户只要通过手机扫一下二维码或者在微信公众号中搜索"深圳市罗湖区人民法院",就可以通过微信与法院进行"点对点、面对面"沟通。在这里,不仅可以了解法院立案流程,而且可以获得民事、行政、执行、财产保全等案件的立案指导信息;不仅可以查询案件进度,而且可以方便地联系到案件主审法官;不仅可以预约查阅档案,而且可以直接申请预约立案、调解等。用户只需简单地输入对应数字,就会得到深圳市罗湖区人民法院的迅速回复。

表 3-2　深圳市罗湖区人民法院部分微信内容栏目的设置

主栏目	子栏目
司法公开	庭审直播公开
	案件信息查询
	裁判文书公开
	执行信息公开
诉讼服务	深圳移动微法院
	预约立案
	网上文案
	立案早知道
	文书模板
了解法院	法院官网
	电话和导航
	法院微博
	我为群众办实事
	党史知识学习专栏

　　法院往往给人以威严和神秘的感觉,很多人想多了解一些关于法院和法律的知识但又缺乏相应的渠道。现在,只要用户关注深圳市罗湖区人民法院微信公众号就可以实现。深圳市罗湖区人民法院将会通过微信公众号具有的信息推送功能,发布法院的最新工作动态、重大案件的审判信息以及各项管理创新举措。除此之外,还通过微信公众号平台向网友介绍最新的法律法规,并精选一些典型案例,编写成法制小故事,以"法官说法"的形式普及法律知识、传播法治思想。这些内容都深受广大网友的喜爱,让网友在轻松愉悦的心情中学习法律知识、提升法律文化素养。同时,将微信公众号与官方网站"深圳区罗湖区人民法院"、官方微博进行了互联互通,既实现了信息的共享,又强化了法制宣传的效果。

3.1.3　理财刊物微信内容栏目的规划

　　理财刊物微信内容,应该解答老百姓关心的理财问题,打造以投资理财为主的专业性理财公众号,并以轻松理财的方针,突出专业性、权威性,为用户提供专业性的理财服务。

＜＜扫码获取配套视频课程,本节视频课程播放时长约为20秒。

理财刊物微信内容栏目的规划，如表 3-3 所示。

表 3-3　理财刊物微信内容栏目的规划

栏目名称	栏目定位	板块说明	重要指数
微话题	探讨当前与投资理财有关的热点话题，一般作为每日资讯封面	常规板块	80
微攻略	选择关注度较高的某一个投资理财品种，解读最新攻略，也可做每日资讯封面	常规板块	80
微风尚	传达某个可能比较受高端人群欢迎或感兴趣的时尚信息，最好多用图片	浮动板块	70
微评论	用相当于微博的形式点评某个财经资讯或热点事件，要求内容浓缩、观点独到	常规板块	20
微悦读	与投资、理财、财富、时尚有关的幽默、轻松的笑话、网络段子	常规板块	5
微互动	发布由刊物主办或参与的最新活动信息（活动预告、后续报道等）	浮动板块	90

3.1.4　生活类微信内容栏目的设置

生活类微信公众号平台应该聚集大量的与生活相关的各种话题，让用户可以很全面地了解话题的各个方面。

<< 扫码获取配套视频课程，本节视频课程播放时长约为 17 秒。

生活类微信内容可以按照表 3-4 所示的一些栏目来进行设置。

表 3-4　生活类微信内容栏目的设置

栏目名称	栏目定位	子栏目	板块说明
原创天地	定期推送公司内部员工原创文章	文炫秀场、文苑漫步、笔端流云、感·知	常规板块
心灵对话	定期推送正能量文章，舒缓情绪、放松心情类文章	Tea time、浮生半日、午后暖文	浮动板块
人在旅途	定期推送内部员工旅游游记或介绍相关旅游景点及特色攻略	旅"图"故事、在路上、最美时光、遇见远方、时光驿站	浮动板块
生活助手	定期推送生活常识、生活小诀窍、健康饮食等养生话题	品质生活、生活汇、乐享生活、生活广角	常规板块
往期回顾	跳转链接到之前推送的精彩内容	时间轴、朝花夕拾、精彩再现、温故知新	常规板块
关于我们	简单介绍公司基本信息、微信公众号基本信息、投稿联系方式等	投稿、活动、联系方式	常规板块

3.2　文章的标题和摘要

　　微信公众号，本质是一个靠朋友圈与微信群分享文章来获取流量和粉丝的媒体。如果想要刷爆朋友圈，一个好的标题是必不可少的。读者在朋友圈先看到的是标题，根据标题在短时间内决定是否点开文章。摘要虽然不属于标题，但也是整篇文章排版时需要注意的一个细节。本节将详细介绍文章标题和摘要的相关知识。

3.2.1　标题的设置与选择

　　一篇文章是否成功，首先要看的就是标题是否吸引人，一个成功的微信文章标题或许只改几个字就能吸引更多的流量。微信用户第一眼看到的是标题，如果标题没有吸引力，那么他们就不会点击，用户不点击，无论你的产品和服务有多棒都毫无用处。

<< 扫码获取配套视频课程，本节视频课程播放时长约为1分07秒。

　　学作"标题党"是微信运营人员的必修课之一，常用的标题写作手法总结如下。

1. 提问、反问式

用问句作标题可以引发用户的共鸣，如果恰好用户也想要知道答案，他就会点击阅读。

2. 名人式

微信标题提到的名人越出名，吸引力越大，这种以名人为背书的文章，在微信上转发率较高。

3. 干货式

发布对用户有帮助并且需要的内容，越有价值的内容被转发的概率越高。

4. 强吸引式

标题中，通常都会包含"最""必去"之类的词汇，这些字眼一看就让人忍不住点击。

5. 留下悬念式

激动、刺激的语言讲完，最后使用省略号，引发用户一系列遐想，让人必须点击了才知道后文。

6. 热点式

结合最新的热点事件、节日、季节内容，标题直接点题。

7. 反常理式

反常理式标题通常与人们的常理相违背，毋庸置疑，这种标题一定会吸引人的眼球。

8. 数字概括式

数字概括式，不仅给人感觉知识含量高，而且想迫切知道到底是哪几点，这种类型简单明了，也非常有利于手机阅读。

9. 主副标题式

主标题使用两个字为点题之笔，接着副标题详细说明主要内容。

以上几种类型的标题写法，基本上覆盖了微信公众号流行的各种标题，保证你在撰写标题时能够抓住用户的心理需求，引导他们点击阅读。如何确保用户能够点击，需要日常多多进行公众号标题＋内容测试，观察用户想要看什么内容，是否带来用户喜欢看的内容。

3.2.2 选择一个好标题

微信文章的标题至关重要，因为这关系到用户是否会打开文章，更重要的是对企业宣传有着重要的影响，倘若不能引起用户的兴趣，不能让他们看了标题后产生看文章的兴趣，那么就意味着这次发表的内容无效。

《《 扫码获取配套视频课程，本节视频课程播放时长约为 35 秒。

首先标题一定要简明扼要，要顺口、有新意，通常选择 7～12 个字或者 12～15 个字为宜，从传播知识、发布优惠信息、满足好奇心、提供忠告等方面入手进行策划。下面详细介绍微信内容选择好标题的 10 种方式。

1. 草船借箭式

草船借箭式其实可以简单地理解为借力打力、借势营销或者四两拨千斤。通常第一种做法是抓住热点、热门事件，借势撰写标题与稿件，比如"中国好声音"很火，我们可以据此写标题"你所不知道的化妆品好声音"。第二种做法则是借力，通常会借助权威部门发布的数据进行解析。第三种做法则是移花接木式，通常的做法就是抓关键字，然后进行改编，例如"xxx，你妈妈喊你来看微信"。

2. 故弄玄虚式

故弄玄虚式其实就是明知故问，主要形式有提问式、疑问式、反问式。提问式就是提出问题，从而引起思考、引起关注，比如"微信营销企业该何去何从？"疑问式则是通常采用的做法，通常会用"怎么样""有哪些""怎么办"这样的词做标题，比如"孩子学习成绩不好怎么办""微信营销赚钱可能吗"。反问式则是反问，通常是只问不答，比如"微信难道不是营销工具"。

3. 情不自禁式

情不自禁式主要是贴合用户的需求进行策划，通常有几种做法。第一种是数字型的，比如"改变性格少发脾气的 11 个饮食方法""财务报表分析的八大误区"。第二种是夸张型的，比如"史上最疯狂的手机甩卖，快来抢"。第三种是优惠型的，通常标题会用"免费""打折""跳楼价""惊爆"等词来展现给用户的优惠，比如"12580 请你看电影——微信订票买一送一""100% 中奖的奖品，你拿了吗？"。第四种是诱惑型的，比如"我是如何利用微信月赚十万的"。第五种是恐吓型的，比如"读书的'危险性'""高血脂，瘫痪的前兆！"。第六种是对比型的，通常用对比让你选择，比如"服务号向左，订阅号向右"。

4. 金玉良言式

金玉良言式可以理解为促膝谈心或者不吝赐教式，主要是从情感的角度出发，把读者当成好朋友，为他出出点子，提提建议。金玉良言式主要有五种方法。第一种是如何式标题，其实就是告诉你怎么办，比如"如何玩转微信""微信交友，如何不上当""淘宝购物，如何防止上当受骗"。第二种是建议式标题，就是给出建设性的意见，比如"别让孩子输在起跑线上"。第三种是命令式标题，比如"公司员工必须要遵守公司规定"等。第四种是情感式标题，比如"老公，戒不了烟，洗洗肺吧""写给那些战'痘'的青春"。第五种则是诉求式标题，用劝勉、叮咛、希望等口气来写，比如"用功读书时，请注意保护眼睛"。

5. 刨根问底式

人人都有好奇心并且渴望知道答案，因此在设置标题时我们要巧妙地设置悬念，引起用户的求知欲，例如"你为什么做事坚持不下去""是什么让他的爱车走向了不归路？""人类可以长生不老？"。

设置悬念通常有四种做法。

- ➢ 反常造成悬念，例如"中国人 90%'不会'喝茶"。
- ➢ 变化造成悬念，例如"不玩微信你就过时了"。
- ➢ 不可思议造成悬念，例如"武汉上演'蛇吞象'风波"。
- ➢ 欲望造成悬念，例如"您的面容不想再白嫩些吗"。

6. 喜闻乐见式

喜闻乐见式主要是根据人们对新闻的注意及阅读习惯来策划标题，主要从大家感兴趣、想了解的事情入手。通常会在标题中把最主要的、最新鲜的事实点出来，常用的关键词有"首现""惊现""风生水起"等。

7. 娱乐八卦式

娱乐八卦式主要是让标题生动有趣、富有幽默感。通常会用到各种修辞手法，或者借助网络流行词，比如"赶快下'斑'，不许'痘'留""三岁小孩能背史记的秘诀""张飞也怕上火"。在这里我们主要给出使用修辞手法的案例，比喻手法如"今年'秋老虎'好温柔"，拟人手法如"'微博'掉泪了"。引用类的我们可以用诗词、成语典故、古汉语、谚语、歇后语、行业内专业术语、影视、戏曲、歌曲名等。

8. 一箭双雕式

一箭双雕式主要是用双关语策划标题，采用双关语或者谐音。例如，"微信打火机火了"就是个同音双关，"道是无晴却有晴"是个谐音双关，还有"今年最高回报率的项目被我赶上了""豆瓣商品：如何把商品豆瓣化"等。

9. 耐人寻味式

耐人寻味式主要就是卖个关子，吊起用户的兴趣和胃口，让人去猜测，比如"微信赚钱，是真的吗"。通常用的词有"防止""小心""别被"等。

10. 开门见山式

开门见山式可以理解为直奔主题，主要是让用户一目了然，比如"微信营销制胜的无限法门""和优秀的人在一起真的很重要"和"世界最全的咖啡知识"等。

3.2.3 巧用标题符号

　　每一位公众号运营者都希望自己的粉丝能多一些，公众号运营高手也不例外。只是公众号运营高手往往能将这种希望变成现实。其实，他们在标题中使用了一些特殊的、简单有效的、吸引眼球的符号。

<< 扫码获取配套视频课程，本节视频课程播放时长约为31秒。

通过对大量优质公众号文章标题的研究，我们可以归纳出公众号运营高手经常使用的四种标题形式，即疑问型、数字型、推荐字符型、如何体型。

1. 疑问型

在标题中加入问号变成疑问句，能引发读者的思考，引起读者对答案的好奇心。这是公众号运营者常用的一种标题命名形式。

疑问型标题不是真的要询问读者，而是以疑问的方式引起读者的注意，让读者产生阅读正文的兴趣，问题的答案往往会在正文中呈现。我们将疑问型标题又称作设问式标题，毕竟它既有问题又有答案。在众多优质公众号文章中，名为《你的女朋友，是不是这样追到的？》的文章，就是疑问型标题。从这篇文章最终收获了众多阅读量来看，就能知道疑问型标题的优势所在。从符号学的角度来看，问号本身就有强调、提醒的作用。运营者在标题中使用这一符号也是最基于它的这一功能。同样的一层意思，运用疑问句表达更具有吸引力，更能引发读者的好奇心。如果将《你的女朋友，是不是这样追到的？》修改为《你的女朋友一定是这样追到的》，就会失去吸引力。

2. 数字型

一般情况下，数字指的是阿拉伯数字。在纯文字标题中使用数字，能给人耳目一新的感觉，从而吸引读者的注意力。相对于纯文字内容，简单干脆的数字反而能给人更加清晰的感觉。一些工具类的公众号推送的文章较为实用，例如，用"某某的 5 种方法""6 条关于某某的建议""使用某某的 3 种快捷方法"之类的标题，无疑能大大为之加分。

3. 推荐字符型

使用推荐字符搭配特殊醒目的形式，也是增强标题吸引力的一种方法。推荐字符用类似"【】"等符号括起来，就为标题加上了一个特殊的标志，使标题重点更加突出，读者的注意力也就更容易被吸引。这种方法不仅在公众号的标题中被广泛使用，在微博、新闻等信息展示中也会经常使用。经过实践证明，这的确是一种效果较为明显的方法。在如今这个信息泛滥的时代，信息生产者都试图以标题来吸引人，这就导致了标题的趋同现象。因此，为了应对这种情况，也为了让自己的标题更醒目，使用推荐字符就应运而生了。事实上，推荐字符型标题并不意味着都要使用"【】"这种形式，能起到强调作用的特殊符号都可以使用。

4. 如何体型

在公众号运营高手发布的推文中，还有一种较为常见的标题形式，就是"如何体"。具体来说，就是标题以"如何"二字开头，达到一种发问的效果，从而引起读者注意。为了解答读者的疑惑，运营者通常会继续在文中介绍所提问题的解决方法。这也是如何体标题与疑问型标题的一个不同之处。另一个不同之处就是如何体没有问号。两者虽然有一些不同之处，但是使用效果都是非常好的。

3.2.4　摘要

标题创建完成后接下来就是编写摘要，摘要是对标题的一种补充。微信公众号的摘要就是帮助读者快速地了解文章内容，本节将详细介绍摘要的相关知识。

<< 扫码获取配套视频课程，本节视频课程播放时长约为 39 秒。

　　好的摘要就像电影、电视剧的预告片一样，能勾起读者的阅读欲望。下面详细介绍公众号文章摘要的多种展现形式。

　　将文章分享给好友时，摘要的展现形式如图 3-1 所示。对于公众号的对话窗口，摘要的展现形式如图 3-2 所示。

图 3-1　　　　　　　　　　　　　　　　　　图 3-2

　　订阅号信息流推送文章摘要的展现形式如图 3-3 所示。

图 3-3

　　一般情况下摘要分为两种，第一种是文章前面部分的内容与见解，第二种是文章的主要内容与见解。第一种摘要适合于内容质量不是特别好的文章，采用这种方式来引导读者打开文章阅读，目的是提高阅读量。第二种摘要主要适用于质量很好的文章，读者需要精读。读者先通过摘要理解文章的主要内容，然后再去精读，吸收文章的精华。

　　适合采用第一种摘要的文章：新闻、热点事件、营销软文、娱乐、兴趣等；适合采用第二种摘要的文章：研究报告、干货、攻略、数据调查、演讲原文等。

摘要的字数虽然要控制在 120 个字以内，但是并不是要写满 120 个字。好的摘要要精简，长篇大论不讨喜。其实，摘要推荐不超过 15 个字，单推长度不超过 1 行，转发长度不超过 2 行。这样，读者会几秒钟内读完摘要，作出冲动决策。阅读摘要时间越长，效果越差。标题要结合文章，摘要要结合标题与内容，整体相互补充与相互融合，形成一体化的同时也能更好地传递文章的基本大意，让不了解的人知道其中的核心，让知道的人更细致地了解文章的深层意境。

3.3　文章规划与写作

正文是评判文章好坏的重要因素，也是运营者吸引粉丝的重要武器之一，所以运营者需要用心对待正文。本小节将为大家介绍公众号平台上通用的撰写正文的相关技巧，帮助大家更好地掌握公众号文章的规划与写作。

3.3.1　不同形式的文章

对于微信公众号平台运营来说，内容是绝对的主角。平台内容的好坏、有价值与否，关系着平台粉丝的数量，进而影响着平台的盈利，所以做好平台内容的把关是每一个运营者都要重视的。

<< 扫码获取配套视频课程，本节视频课程播放时长约为 47 秒。

运营者在编写微信公众号平台文章的时候，文章内容的形式可以是多样的。而且，每一种内容形式都有不同的特点。因此，运营者要将每一种内容形式的特点都掌握，从而让自己平台上的内容更具吸引力。下面将为大家介绍微信公众号平台上的 6 种内容形式的文章。

1. 文字式

文字式内容是指在整篇文章中，除了运营者在文章中嵌入的邀请读者关注该公众号的图片或者文章尾部的该微信公众号的二维码图片之外，文章的内容都是用文字进行描述。

在微信公众号平台上，这种形式的内容虽然存在，但不是特别常见。因为这种形式的内容，如果字数很多，篇幅很长，就非常容易引起读者的阅读疲劳以及抵触心理。因此，微信公众号平台运营者应尽量少用这种形式来传递内容。微信公众号平台上文字式内容的优缺点如下。

> 优点：文字表达的信息量集中，并且信息准确度高，阅读者不容易产生理解错误。
> 缺点：长篇幅的文字式内容容易引起读者阅读疲劳，从而放弃阅读。

2. 图片式

图片式内容是指在整篇文章中，其内容都是以图片表达的，没有文字或者文字已经包含在图片中。微信公众号平台上图片式内容的优缺点如下。

> 优点：形式新颖、直观性较强，同时也能给读者一定的想象空间。
> 缺点：篇幅会受到一定的限制，如果图片中包括文字，那么阅读起来会不方便。

3. 图文式

图文式内容是指图片跟文字相结合，一篇文章中既有图片也有文字。可以一篇文章只放一张图片，也可以放多张图片。如果运营者推送的是一张图片的图文式文章，那么读者在这篇文章中从头到尾就只能看见一张图片和文字。如果运营者推送的是多张图片的图文式内容，那么读者看见的就是一篇文章中配了多张图片和文字。微信公众号平台上图文式内容的优缺点如下。

> 优点：使文章要表达的内容主旨更鲜明，同时读者的阅读体验感也会上升。
> 缺点：图片过多会导致文章的篇幅过长，读者在阅读时会耗费更多的流量。

4. 语音式

语音式内容是指运营者将要传递的内容信息通过语音的方式发送到公众号平台上。如微信公众号平台"罗辑思维"，其特色就是每天推送一条 60 秒的语音式内容的文章。微信公众号平台上的语音式内容的优缺点如下。

> 优点：与读者形成互动，可以更好地拉近与读者的距离，使读者感觉更亲切。
> 缺点：容易受到外界干扰，导致读者的信息接收不完整，可能会错失重点信息。

5. 视频式

视频式内容是指运营者把要表达的信息拍摄成视频，发送给广大用户群。例如，微信公众号平台一条旗下的"美食台"，经常推送视频式内容的文章。微信公众号平台上的视频式内容的优缺点如下。

> 优点：更具备既视感和吸引力，能快速抓住读者的眼球。
> 缺点：提高了读者的阅读成本，文章点击量会受到一定的限制。

6. 混搭式

顾名思义，混搭式内容就是运营者将上述 5 种形式综合，运用在一篇文章里。需要注意的是，以混搭式向读者传递内容并不是指在一篇文章中要出现所有的形式，只要包含 3 种或者 3 种以上的形式，就可以称为混搭式内容。微信公众号平台上的混搭式内容的优缺点如下。

> 优点：集几种形式的特点于一体，能够给读者最极致的阅读体验，让读者在阅读文章时不会感到枯燥乏味。
> 缺点：图片、语音、视频等形式会使读者在阅读时耗费非常多的流量。

3.3.2 好内容的标准

微信公众号文章最重要的就是内容，好的内容是让读者能够认真看下去的必要条件，也是传达作者理念和营销效果最大化的必备条件。

<< 扫码获取配套视频课程，本节视频课程播放时长约为55秒。

内容是文章的核心和灵魂。好的文章内容有三个特点：实用、创意、易懂。

所谓实用就是写出的文章对读者有价值、有用处，能够给读者提供帮助。文章不必追求华丽的辞藻，关键是能够给读者带来价值。所谓创意就是文章内容比较新颖，能让读者眼前一亮，这样容易引起读者的好奇心。所谓易懂就是文章内容不要太高深，能让读者明白意思就行。丰富的微信公众号推文内容，可以从以下几个方面来挖掘。

1. 产品功能故事化

微信公众号文章要学会写故事，更要学会把自己的产品功能写到故事中去。通过一些生动的故事情节，自然地让产品自己说话。

如何做到故事化？这需要运营者平日多留意身边的事情，以及老用户的反馈情况，凡是和产品有关的事情，即使是一些鸡毛蒜皮的小事情，只要能给产品带来正面的影响都可以写。如果你有足够的想象力，甚至可以编故事，当然这些故事一定要围绕着产品展开。

2. 产品形象情节化

当我们宣传产品时，总会喊一些口号，这样做虽然也能达到一定的效果，但总不能使产品深入人心，打动客户。因此，最好的方法就是把你对产品的赞美情节化，让人们通过感人的情节来感知和认知你的产品。这样客户记住了瞬间的情节，也就记住了你的产品。

3. 行业问题热点化

在微信公众号文章写作过程中，一定要抓住行业的热点，不断地提出热点，才能引起客户的关注，通过行业的比较，显示出自己产品的优势。要做到这些，也就要求运营者平时关注时事，关注同行。知己知彼，方能百战不殆。

4. 表现形式多样化

生动的文章表现形式会给人耳目一新的感觉，可以从不同的角度、不同的层次来展示产品。可以采用拟人形式或者童话形式等。越有创意的写法，越能让读者耳目一新、记忆深刻。

5. 产品推文系列化

产品推文系列化非常重要，微信公众号营销不是立竿见影的电子商务营销工具，需要长时间地坚持不懈。因此，在推文写作中，一定要坚持系列化，就像电视连续剧一样，不断有情节的发展，还要有高潮，这样推文的影响力才大，才能留住读者。

6. 推文字数精短化

微信公众号推文不同于传统媒体的文章，既要论点明确，论据充分，又要短小耐读；既要情节丰富感人至深，又不能花太多的阅读时间。所以，坚持短小精悍是推文营销的重要原则。

7. 推文内容有价值

微信公众号文章能起到营销的作用，在于文章能给予读者所需要的东西。微信公众号推文不仅要保证每篇文章带有一定的信息量，还要有知识含量、趣味性，另外要有经验的分享，让读者每次访问你的微信公众号都有所收获，这是黏住客户最好的方法。

3.3.3 搜集内容素材的技巧

很多企业在微信运营过程中都会碰到一个棘手的问题，那就是微信公众号内容。从市面上运营的微信公众号来看，很多商家就是建一个微信账号，发点新闻或者搞笑段子，而通常这种纯广告式的微信公众号内容没有什么价值，用户的关注度也不高。

<< 扫码获取配套视频课程，本节视频课程播放时长约为53秒。

什么样的内容比较容易吸引读者呢？当然是那些建立在满足用户需求上的内容。因此，运营者必须使自己推送的微信内容与用户需求信息保持一致，才能达到预想的效果。那么，收集这些内容素材有哪些技巧呢？现总结了以下几点。

1. 了解用户需求

运营者要了解用户需求，解决用户问题，就得倾听用户的心声。用户在说什么，通过微信搜索什么产品，甚至是用户对竞争对手的关注，都必须高度留意，通过一段时间的跟踪总结，把这些用户关注的问题分门别类地进行整理，然后针对这些问题设计微信内容。

2. 拓展信息讲解

通常，一段干巴巴的产品介绍、产品说明是无法吸引用户眼球的，这就要求商家对所推销的产品进行知识延展。用户喜欢带有知识性的信息，以酒业为例，商家如果要推销酒，不能只介绍酒的成分、酒的度数、口感如何等，这些固然重要，但是用户更喜欢了解关于酿酒方面的知识。了解关于酒的悠久历史、关于品酒的小技巧及酒的储存方法等，绝对受用户青睐。不少企业只要熟练掌握了这一技巧，在微信内容编辑上就能获得成功。

3. 听取用户心声

很多用户通过微信表达赞美，也有很多用户会通过微信表达他们的不满，运营者千万不能忽视这个环节，完全可以加以利用。

4. 给用户送去优待

很多用户都是看到折扣信息才去关注品牌信息的，但是，一窝蜂地发布促销信息，并不会起到显著的宣传效果。对于用户来说，这种微信内容就像街头路边散发的小广告，他们并不会过多关注，甚至会感到厌恶。

运营者应该避免这种失误，可以设计一些专门为微信会员打造的活动或优惠活动，让他们产生一种不同于他人的优越感，这样，用户才会有一种被重视的感觉，对微信公众号也会越来越依赖和喜欢。

5. 通过分享增加平台的素材

微信公众号运营者还可以通过分享的方式来增加平台的素材，这种方式主要是通过分享其他网站的热点文章来实现推送。通常这类文章并非原创，而是类似于文摘。运营者可以摘录一些经典的文章进行分享，或者收集最新最热的段子，以迎合用户的喜好。值得注意的是，运营者切记要尊重他人的劳动成果，摘录时一定要注明原作出处。

3.3.4 开篇、行文和结尾写作

微信公众号是现在常用的营销推广手段，一般使用图文的形式来进行宣传推广。想要编辑一篇优秀的公众号文章，除了要重视标题以及内容之外，对于文章的开头和结尾的处理也需要掌握一定的技巧。

<< 扫码获取配套视频课程，本节视频课程播放时长约为 1 分 23 秒。

1. 文章开篇带入写作

对微信公众号平台上的文章来说，文章的开头对于一篇文章是很重要的，决定了读者对这篇文章内容的第一印象，因此对它要极为重视。

在撰写文章开头时一定要做到以下 4 点。

（1）紧扣文章主题。

（2）语言风格吸引人。

（3）陈述部分事实。

（4）内容有创意。

好的文章开头的重要性相信大家都很清楚。下面将为大家逐一介绍文章开头的 5 种写作方法，让运营者能够用一个好的文章开头赢得读者对公众号的喜爱，从而吸引大批粉丝。

1）想象型

公众号平台的编辑在写想象型文章的开头时，可以稍微运用一些夸张的写法，但不要太过夸张，基本上还是倾向于写实或拟人。让读者在看到文章第一眼的同时就能够展开丰富的联想，猜测在接下来的文章中会发生什么，从而产生强烈的继续阅读文章的欲望。

在使用想象型的文章开头时，要注意的就是开头必须有一些悬念，给读者以想象的空间，最好能引导读者进行思考。

2）叙述型

叙述型也被叫作平铺直叙型，表现为在撰写文章开头时，把一件事情或者故事有头有尾、一气呵成地表达出来，也有的人把这样的方式叫作流水账。

叙述型的写作方式，在写作中使用得并不多，但在媒体发布的新闻稿中较常用。但是，在微信公众号平台的文章开头中，也可以在合适的时候使用这种类型的写作方法。例如，重大事件或者名人、明星的介绍，通过文章本身表现出来的重大吸引力来吸引读者继续阅读。

3）直白型

直白型的文章开头，需要作者在文章的首段就将自己想要表达的意思都写出来，干脆爽快。微信公众号平台的编辑在使用这种写作方法创作文章开头时，可以使用朴实、简洁的语言，直接将自己想要表达的意思写出来，不用故作玄虚。

在使用这种直白型方法写作文章开头，需要注意，文章的主题或者事件必须要足够吸引人。如果文章主题或者要表达的事件没办法快速吸引读者，那么最好不要使用这种方法。

4）幽默型

幽默是与他人沟通时最好的武器，能够快速搭建自己与对方的桥梁，拉近彼此之间的距离。幽默的特点就是令人高兴、愉悦。微信公众号平台的编辑如果能够将幽默型的写作方法运用到文章的开头，将会取得不错的效果。

在微信公众号平台上，很多运营者会选择一些幽默、有趣的故事做文章开头，以吸引读者的注意力。相信大家都喜欢看可以带来快乐的东西，这就是幽默型文章开头存在的意义。

5）名人型

在写微信公众号平台文章时，使用名人名言作为开头，一般会更容易吸引用户的眼球。因此，微信公众号平台的编辑在写公众号文章时，可以多搜索一些跟文章主题相关的名人名言，或者经典语录。

在微信公众号平台文章的开头，如果能够用一些精练同时又深扣文章主题并且意蕴丰厚的语句，或者使用名人名言、民间谚语、诗词歌赋等，能够使文章看起来更有内涵。而且这种写作方法更能吸引读者，提高微信公众号平台文章的可读性，更好地凸显文章的主旨和情感。

除了使用名人名言，还可以使用一些蕴含丰富哲理的故事作为文章的开头。小故事一般都简短但是有吸引力，能很好地引起读者的兴趣。

2. 文章行文的写作

对于微信公众号平台的文章，常规的写作方法有情感型、故事型、技巧型和悬念型。这些写作方法虽然普通，但是其作用也不容忽视。接下来，将逐一介绍这几种常规型文章行文的写作方法。

1）情感型

情感的抒发和表达已经成为微信公众号平台营销的重要方式。一篇有情感价值的文章往往能够引起很多消费者的共鸣，从而提高消费者对品牌的归属感、认同感和依赖感。

一篇好的微信公众号平台文章，主要是通过文字、图片的组合，打造出一篇动人的故事，再通过故事调动读者的情绪。

可以说，情感消费是一种基于个人主观想法的消费方式。这部分的消费者最关注以下两个方面的需求：一是精神需求，二是情感需求。因此，写作情感型的文章需要富有感染力，并起到以下几个方面的作用。

（1）能启发读者的智慧和思考。

（2）与读者有相同的思想感情。

（3）具备能够产生激励读者感情的作用。

2）故事型

故事型的微信公众号平台文章是一种容易被用户所接受的文章题材。一篇好的故事文章很容易让读者记忆深刻，拉近品牌与用户之间的距离。生动的故事容易让读者产生代入感，对故事中的情节和人物也会产生向往之情。运营者如果能写出一篇好的故事型文章，就会很容易找到潜在客户和提高运营者的信誉度。

对文章运营者来说，如何打造一篇完美的故事文章呢？首先需要确定的是产品的特色，将产品关键词提炼出来；然后将产品关键词放到故事线索中，贯穿全文，让读者读完之后印象深刻。同时，故事型文章的写作最好满足合理性和艺术性两个要点。

3）技巧型

所谓技巧型文章，是指向读者普及一些有用的小知识、小技巧为中心主题的文章。对很多行业的运营者来说都是非常适合使用技巧型文章来进行宣传和推广，如某类软件使用方法、生活中某类需要掌握的小知识等。

一般来说，技巧型文章好写又好用，在网络上随处可见，此类文章内容简短，写作耗时少，实用性高，所以很受运营者的追捧。

4）悬念型

所谓悬念，就是人们常说的"卖关子"。作者通过悬念的设置，激发读者丰富的想象力和阅读兴趣，从而达到写作的目的。

文章的悬念型布局方式，是指在文章中的故事情节、人物命运发展到关键阶段时设置疑团，不及时作答，而是在后面的情节发展中慢慢展开，或是在描述某一奇怪现象时不急于说出产生这种现象的原因。这种方式能使读者产生急切的期盼心理。

也就是说，悬念型文章就是将悬念设置好，然后嵌入情节发展中，让读者自己去猜测、去关注，等到吸引了受众的注意后，再公布答案。制造悬念通常有三种常用方法，即设疑、倒序和隔断。

知识拓展

运营者在写作悬念型文章时要把握分寸，问题和答案也要符合常识，不能让人一看就觉得很假。

3. 文章结尾的创作

一篇优秀的文章，不仅需要一个好的标题、开头以及内容，同样也需要一个符合读者需求、口味的结尾。那么，一篇优秀的文章结尾该如何写呢？接下来，为大家介绍几种实用的文章结尾的写作方法。

1）抒情型

使用抒情型写作方法进行文章的收尾，通常较多地用于写人、记事的微信公众号平台文章。

运营者在用抒情型写作方法进行文章收尾时，一定要将自己心中的真实情感释放出来，这样才能激起读者情感的波澜，引发读者的共鸣。

2）祝福型

祝福型写作方法是很多微信公众号平台编辑在写作文章结尾时采用的一种方法。因为，这种祝福型的文章写作手法，能够给读者传递一份温暖，让读者在阅读完文章后，能感受到运营者对其的关心与爱护。这也是非常能够打动读者的一种文章结尾方法。

3）号召型

运营者如果想让读者加入某项活动，就经常会使用号召型写作方法对文章进行结尾。同时很多公益性文章也会使用这种方法进行结尾。

使用号召型写作方法结尾的文章能够使读者阅读完文章内容后，对文章的内容产生共鸣，从而更有兴趣参加文章发起的活动。

3.3.5　如何在软文中植入广告

不少人在问微信软文如何植入广告，答案就两个字：一个是"巧"，一个是"妙"。植入广告具有成本低、回报率高，受干扰程度低，到达率高，营销模式灵活，现场感强，受众数量庞大，接触率高等特点，因而受到很多营销人员的青睐。

<< 扫码获取配套视频课程，本节视频课程播放时长约为54秒。

可以将软文理解为一个善于传播的导购，把商家想对消费者说的话用软文的形式表现出来，并且解决软文信息表达的问题，然后形成口碑效应，进而吸引粉丝，传播企业品牌，提高知名度。那么如何在软文中植入广告呢？以下几个策略可供参考。

1. 故事情节植入

对于企业来讲，讲述发生在企业的故事，或者创业故事，会让用户感受到企业的文化氛围，毕竟故事就是生活的一种艺术，而生活又离不开产品，所以用故事来表达企业产品和企业文化，是非常合情、合理、自然的。

2. 文本图片植入

在文章中插入企业标志（logo）、产品 logo 或者水印，只要美观，就会产生自然的植入效果。或者使用与企业所宣传的信息相关的图片。切记，好的图片可以吸引有相同爱好的用户，赋予品牌人情味，使广告植入得更自然，使品牌与用户兴趣牢牢结合在一起。

3. 段子植入

好玩、幽默、有趣、人生感悟或者笑话类的段子总会令人会心一笑、感悟颇深。因此，若企业把品牌植入这些最受欢迎的段子当中，客户一定会赞叹创意的精妙，而不会反感。

4. 舆论热点植入

细心观察就会发现，每天都会有网络舆论热点人物或者事件，企业可以针对这些热点设计广告，并悄无声息地植入广告。但是必须敏锐地观察舆论热点的进度，不要等到热点事件关注度下降之后再策划，那就已经为时已晚了。

5. 视频植入或语音植入

可以在微信软文中加入一段企业视频或者语音，最好用一些在用户心目中有一定影响力的人来录制，效果比较好。

6. 用户体验式植入

人们通常会在朋友圈里记录自己的生活经验和感受，这些内容当中一定会涉及自己使用的产品。而这些体验与使用就构成了口碑效应。如果企业发起活动，让用户主动讲述自己使用产品的体验并给予奖励，就可以调动用户向朋友传播这个品牌的动力。

综上所述，植入广告无处不在，但是企业在植入广告的同时，一定要注重用户体验，切记用丰富、精彩并且用户感兴趣的内容，提高用户的黏性，从而与用户进行深度沟通，获得口碑传播与好评。

3.4 封 面 图

酒香也怕巷子深，再好的内容如果不能吸引客户的注意，也不会取得满意的效果。所以优雅出众的封面图对于公众号的运营者来说至关重要。细节决定成败，在微信公众号运营中，一篇文章能够在 3 秒钟内吸引用户，除了标题，其次就是封面图。本节将详细介绍封面图的相关知识及制作方法。

3.4.1 封面图要素

对公众号来说，封面图起到了门面的作用，好看的封面图会吸引用户打开文章，封面图如果平淡无奇，就会让人一掠而过，不会被吸引，更不会被打开。

<< 扫码获取配套视频课程，本节视频课程播放时长约为 34 秒。

那么想要设计好看的公众号封面图，要注意哪些方面呢？下面给出一些建议和参考。

1. 图片尺寸

经常看的公众号会展现大图，不经常看的公众号会展现小图。要想做一个好看的公众号封面图，尺寸一定要符合标准，不然上传之后就会出现变形，之前所做的一切努力就都白费了。

2. 风格统一

根据公众号定位，选择合适的封面图风格，而且要一直持续下去。如果封面以前使用漫画插图，就不要突然使用实物图片，除非你已经做好了要调整的准备。整齐划一的封面图会让人有专业的感觉，一看到封面就知道是某个公众号，也会发展成一种风格和品牌。公众号封面图比较受欢迎的风格有这几种：插图文艺风、漫画风、经典影视风、简约时尚风，有的还具有立体效果。看看公众号内容适合哪种风格，就可以使用哪一种。

3. 使用 logo

看的公众号多了，就会发现很多人都会把公众号的 logo 放在封面图上，有的放在侧面，有的放在角落，有的放在正中或中上方。跟背景图案共同组成一个整体，让人不看标题就知道这是哪个公众号，这样也是在加深用户的印象，塑造品牌意识。

4. 设计简洁，颜色雅致

在制作公众号封面图的时候，设计要简洁，颜色要雅致，画面不要太饱满，应尽量将主体放在中间，注意留白。颜色可以选择几种，但不要选择太多，像打翻了调色盘，会给人紧张错乱的感觉。色彩干净凝练，让人有想要读下去的欲望，也能抚平内心的焦躁和不安。设计好的封面图可以一直使用，根据每天主题的不同，改变上面的文字即可。

5. 跟主题相关

如果是小说故事类公众号，可以使用固定的封面图模板。但如果是新闻类、资讯类，有的就需要根据每天新闻头条的不同，选择与主题相关的图片，修改成自己想要的样式，这样能够让人更加明白文章的主要内容是什么。

以上是在制作封面图过程中的一些建议，封面图是用户对公众号的第一印象，至关重要，一定要认真对待。

3.4.2 封面图尺寸

一篇文章第一眼被看到的是封面图和标题，大家都知道标题的重要性，但其实封面图也一样重要，封面图也能引导或者劝退用户点进文章阅读。

<< 扫码获取配套视频课程，本节视频课程播放时长约为 50 秒。

微信公众号后台多次改版后，目前无论头条次条，封面图的比例都从原来的 16 ：9 变成了现在的 2.35 ：1，换算成具体尺寸，就是从 900px × 500px 变成了 900px × 383px，如图 3-4 所示。

同时，一定要记得手动选取 1 ：1 的方形尺寸区域，因为小小的方形图片，不仅是被分享到朋友圈的文章的封面图，也是没有微信星标的用户在众多订阅号信息流中所看到的封面图，如图 3-5 所示。

图 3-4

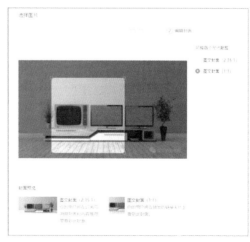

图 3-5

3.4.3 制作封面图

一篇文章能否从众多公众号文章里脱颖而出，要看封面是否醒目、耀眼，标题是否能让读者有点击的欲望。微信首图尺寸建议修改为：900px×383px，以确保用户能够在消息框中看到完整、清晰和切题的封面图。下面详细介绍在微信公众号平台的【新建图文消息】页面中设置封面图的操作方法。

<< 扫码获取配套视频课程，本节视频课程播放时长约为1分46秒。

操作步骤

第1步 进入【新建图文消息】页面，在该页面下方会有一个【选择封面】按钮，将鼠标指针移动到上面，会显示【从正文选择】和【从图片库选择】两个选项，这里选择【从正文选择】选项，如图3-6所示。

图3-6

第2步 弹出【选择图片】对话框，❶选择文章内已有的图片作为封面图片，❷单击【下一步】按钮，如图3-7所示。

第3步 进入下一页面，❶在【裁剪封面】区域下方，将鼠标指针移动到需要裁剪的位置修改封面，并且在【预览封面】区域下方，可以预览不同订阅用户所看到的封面情况，❷单击【完成】按钮，如图3-8所示。

第4步 返回【新建图文消息】页面，在页面最左侧，可以看到已经设置好的封面图片效果，如图3-9所示。

第5步 如果在第一步中选择【从图片库选择】选项，系统会弹出【选择图片】对话框，运营者可以在此页面中选择图片库中的图片，或者直接单击【上传文件】按钮，如图3-10所示。

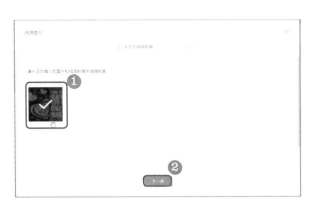

图 3-7

图 3-8

图 3-9

图 3-10

第6步 弹出【打开】对话框，❶选择准备上传的图片（即要作为封面的图片），❷单击【打开】按钮，如图 3-11 所示。

图 3-11

第7步 弹出【选择图片】对话框，❶可以看到选择的图片已被上传至图片库中，选择该图片，❷单击【下一步】按钮，如图 3-12 所示。

图 3-12

第8步 进入下一页面，❶在【裁剪封面】区域下方，移动鼠标指针到需要裁剪的位置修改封面，并且在【封面预览】区域下方，可以预览不同订阅用户所看到的封面情况，❷单击【完成】按钮，如图 3-13 所示。

第9步 返回【新建图文消息】页面，在页面最左侧，可以看到已经设置好的封面图片效果，这样即可完成在微信公众号平台中设置文章封面图片的操作，如图 3-14 所示。

图 3-13

图 3-14

3.5　文章配图

　　一篇文章若只有文案会显得枯燥且书面化，如果不是刚需的知识点大概很少有人看；而如果只有图片，没有文案，似乎就是摄影作品展示，但是就算摄影作品展示也会有作品名称等文字。所以文字与图片是一篇文章缺一不可的两个部分。

3.5.1 使用配图需要注意的事项和技巧

　　一篇出色的公众号文章肯定不是单纯只有枯燥的文字和表格，还必须有丰富的图片与内容相呼应，本节将介绍使用配图的注意事项和技巧。

<< 扫码获取配套视频课程，本节视频课程播放时长约为 1 分钟。

1. 配图的大小

　　当图片体积较大或尺寸较大时，公众号后台会对图片进行压缩处理，甚至无法成功上传。所以我们必须优化图片的体积大小。图片的宽度，不建议超过 640px，但最好不要小于 320px。

2. 图片的版权

　　微信很早就已经在内测图片版权了。直观地说，你若转载别人的原创图片，平台会自动标注来源。所以，配图最好也要做到原创。如果感觉原创图片难度较大，可以找一些无版权、可商用的图片。

3. 其他注意事项及技巧

　　在挑选微信公众号文章正文所配的图片时，要选择与微信公众号文章正文内容相匹配的图片。在挑选这些图片时也要注意图片内容、色彩冷暖的一致性。而且微信公众号文章正文图片要与微信公众号文章封面图相呼应。配图和文字之间有空隙可以增强观赏性，建议在图片上下一定要各空一行。图片下方可以添加注释，如果是原创的图片，可以加上解释说明。如果是非原创的，可以标注图片出自哪里，这样也能规避不少风险。

3.5.2 图片的尺寸

　　在编辑微信公众号的文章时，运营者要选择尺寸大小合适的图片做文章的主图。因此，选择微信公众号中的每一张图片都要仔细斟酌。

<< 扫码获取配套视频课程，本节视频课程播放时长约为 31 秒。

　　图片格式的选择是多样的，运营者在选择图片时，应该尽量将单张图片的容量控制在 1.5MB ～ 2MB，在这个容量限制下，运营者可以从所有的图片格式中选取效果最佳的格式进行图片制作。

同时，运营者还可以根据自己公众号上读者的阅读习惯对图片的大小做调整。如果运营者要在其他新媒体平台发布文章，那么也可以根据这些平台读者的阅读习惯、平台对图片大小的要求调整图片。

选择合适的图片大小，是从读者的阅读体验出发的，不要让过大的图片在耗费读者大量流量的同时还延长图片加载的时间。

如果运营者发现自己公众号上的读者习惯晚上八九点阅读文章，而这个时间段基本上人们都待在家里，读者可以使用 Wi-Fi，不用担心读者的流量耗费，也不用担心图片加载过慢，那么运营者就可以适当地对图片容量的限制放宽，给读者提供清晰的图片，让读者拥有更好的阅读体验。

但是，如果运营者发现自己平台的大部分读者习惯在早上七八点阅读文章，那么读者使用手机流量上网的可能性就会比较大。此时，如果运营者推送文章，就需要将图片的容量控制在 1.5MB ～ 2MB，这样在为读者节省流量的同时也可以缩短图片加载的时间。

3.5.3　修饰图片

图片是让公众号文章内容变得生动的一个重要武器，会影响文章的阅读量。因此，运营者在使用图片给文章增色的同时也可以通过一些方法给图片"化妆"，让图片更加有特色，从而吸引更多的读者。

<< 扫码获取配套视频课程，本节视频课程播放时长约为 38 秒。

使用 Photoshop 处理图片，可以让原本单调的图片变得更加鲜活起来。可以通过以下两种方法处理图片。

1. 拍摄图片时 PS

微信公众号使用的照片来源很广泛，有的公众号使用的图片是企业或者个人自己拍摄的，有的是从专业的摄影师或者其他地方购买的，还有的是从其他渠道免费得到的。

对自己拍摄图片的企业或者个人微信公众号运营者来说，只要在拍摄图片时，注意拍照技巧的运用，以及拍摄场地布局、照片比例布局等，就能达到给图片"化妆"的效果。

2. 照片后期 PS

微信公众号运营者在拍完照片后，如果对图片不太满意，还可以选择通过后期处理来给图片"化妆"。

现在用于图片后期处理的软件有很多，如强大的 Photoshop、众所周知的美图秀秀等，微信公众号文章编辑可以根据自己的实际技能水平选择图片后期处理软件。

一张图片有没有进行后期处理，效果差距是非常大的，如图 3-15 所示，就是同一张图片没加光效（左边）与加了光效（右边）的效果对比。

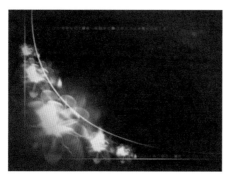

图 3-15

3.5.4　长图文的视觉效果

　　　　长图文也是微信公众号平台的图片获得更高关注度的一种好方法。长图文将文字与图片融合在一起，借文字描述图片内容的同时用图片使所要表达的意思更生动、更形象，两者相辅相成，从而提高文章的阅读量。

　　　　<< 扫码获取配套视频课程，本节视频课程播放时长约为 35 秒。

　　有一个叫作"伟大的安妮"的微信公众号，发布的文章都是采用长图文的形式，以图片加文字的漫画形式描述内容，其发布的文章阅读量非常高。接下来，我们就欣赏一下该公众号上的某篇文章的部分内容，如图 3-16 所示。

图 3-16

3.5.5 使用动态图片

很多微信公众号都会采用动态图片的形式，这种能动的图片确实能为公众号吸引不少的读者。下面详细介绍使用动态图片的相关知识。

<< 扫码获取配套视频课程，本节视频课程播放时长约为 26 秒

动态图片会让图片更有动感，相对于传统的静态图，它的表达能力更强大。静态图片只能定格某一瞬间，而一张动态图片则可以演示一个动作的整个过程，自然其效果会更好。

图 3-17 所示为微信公众号"仙女图纸"发布的一篇动态图片文章，图片内容非常生动。图 3-18 所示为微信公众号"高中物理"发布的一篇动态图片文章。

图 3-17

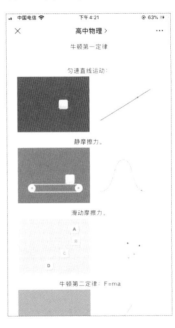

图 3-18

3.5.6 图片加水印

要想让图片吸引读者的眼球，给图片打个标签也是微信公众号运营者需要注意的一个问题。运营者可以尝试给图片印上公众号的标志，让图片具有独特性。

<< 扫码获取配套视频课程，本节视频课程播放时长约为 35 秒

　　图片印上公众号的标志通常有两种方式：第一种是在正文前方的图片放置标志（logo）图标，加定位说明，读者一眼就能了解品牌的定位；第二种是给文中的图片印上公众号的水印。图 3-19 所示为微信公众号"商务范"的相关界面，其图片就是综合运用了这两种方式。

　　可以看到，在左侧图片中，正文前方插入了一张标有"商务范"字样的图片。熟悉公众号的读者，经常看到这样的 logo，久而久之，就能加深对品牌的归属感。一面是品牌 logo，另一面可以是名称、标语或其他标识。

　　右侧的图片则是在右下角标上了公众号名称的水印。这样做的好处是，一方面可以起到宣传品牌的作用，让读者对公众号的品牌有更深的认知；另一方面，能起到宣示主权的作用，让读者一看图片就能知道来源，避免他人盗用图片。

图 3-19

　　运营者除了可以使用微信公众号平台后台自带的功能给图片设置水印之外，还可以采用其他的方法设置水印，如美图秀秀、Photoshop 等。

3.5.7　正文配图的方法

　　正文中的配图，大多数能起到对文章内容进行一个补充说明的作用，帮助读者理解记忆。下面详细介绍在微信公众号平台中如何进行正文配图。

　　＜＜ 扫码获取配套视频课程，本节视频课程播放时长约为 50 秒。

▼ **操作步骤**

第1步 进入【图文消息编辑】页面后，❶单击页面上方的【图片】按钮，即可弹出一个下拉列表，❷选择【本地上传】或【从图片库选择】，这里选择【本地上传】选项，如图 3-20 所示。

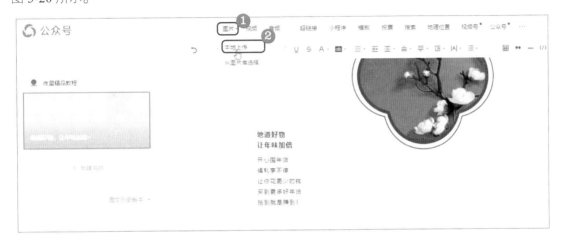

图 3-20

第2步 弹出【打开】对话框，❶选择准备上传的图片（即要作为配图的图片），❷单击【打开】按钮，如图 3-21 所示。

图 3-21

第3步 返回【新建图文消息】页面，可以看到已经将所选择的图片作为正文配图上传到文章中，如图 3-22 所示。

图 3-22

第 4 步 使用鼠标单击文章中上传完毕的图片，系统即可在该图片上方弹出一个工具条，运营者可以进行裁剪、图片替换、自适应手机屏幕宽度、添加超链接、添加小程序等操作，如图 3-23 所示。

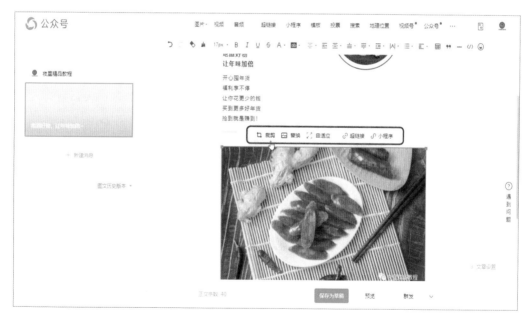

图 3-23

第4章

图文版式编排与设计

　　图文版式是决定读者阅读体验感的一个重要因素，优质的排版能给读者完美的阅读体验。如果运营者要进行微信公众号平台运营，那么了解一些与版式相关的知识是非常有必要的。本章主要介绍与图文版式编排与设计相关的知识。

4.1 字号设计

给文章中的文字选择合适的字号大小，也是微信公众号排版工作中需要考虑的一件事情。合适的字号大小能让读者在阅读文章的时候，不用将手机离自己的眼睛太近或太远，而且合适的字号大小能让版面看起来更和谐。所以，一定要注意选择合适的文字字号大小，以提高读者的阅读体验。

4.1.1 正文字号

正文字号有大小之别，运营者可以根据需要设置合适的字号。那么图文消息中的文字字号应该如何设置？什么样的字号才是合适的？下面将针对这些问题进行详细介绍。

<< 扫码获取配套视频课程，本节视频课程播放时长约为 33 秒。

▼ 操作步骤 ....

第1步 登录微信公众号平台后，进入微信公众号后台管理界面，单击【图文消息】后即可进入编辑图文页面，在编辑好的图文消息中选中要设置字号大小的文字，如图 4-1 所示。

图 4-1

第2步 单击上方【字号】右侧的下拉按钮，可以看见 8 种字号大小的选项，微信公众号后台图文消息的字号大小默认为 17px，在这里将字号设置为 24px，如图 4-2 所示。

第3步 完成上述操作之后，选中的文字字号大小就会变成 24px，其效果如图 4-3 所示。

图 4-2

图 4-3

前文已经提及，微信公众号平台提供了 8 种不同字号大小的选项，而 14px、16px、18px 和 20px 这几种字号的文字看起来会比较舒服，因此，在设置字号大小时，可以在这几种字号中进行选择。如果用户群体多为中老年人，为了照顾他们的阅读感受，建议选择 16px 以上的字号。有时，运营者还可以将要突出的重点内容加粗、放大、标红。

4.1.2　注释字号

对于注释的内容，例如，文章顶部的注释内容，文中的图片注释、底部的注释内容等，可以使用比正文字号小一点的文字，这样既不影响正文内容，又能使文章版面特别美观。

≪ 扫码获取配套视频课程，本节视频课程播放时长约为 39 秒。

千万不要小看文字注释的作用。添加一段文字，对图片、视频、表格等进行解释说明、辅助表达，可以让用户更加信赖你。注释文字字号建议使用 12px 或 14px，同时建议使用灰色，这样文章的主次会很鲜明，用户会更容易明白作者要表达的内容，如图 4-4 所示。

图 4-4

4.2 段落排版

在文字排版中，段落排版的把握很重要，尤其是对于用手机浏览文章的微信用户来说。字距决定了他们阅读的舒适度，而阅读舒适度对平台的引流也起着至关重要的作用。控制字距主要是指文字的距离要适宜，包括字符间距、行间距和段间距等。

4.2.1 首行缩进

传统纸媒体在编辑时，总是习惯段首空两格，为的是排版更方便阅读。但是对于微信公众号来说，手机端进行阅读时，空两格反而显得不美观，因为手机端的屏幕限制，一行放不下太多文字。如果每一段文字都要开头空两格的话，在手机中会像"被狗啃了"一样，并不美观。

<< 扫码获取配套视频课程，本节视频课程播放时长约为 35 秒。

运营者在公众号中写推文的时候可以直接顶格写，在图文编辑页面，首行缩进的按钮，如图 4-5 所示。

图 4-5

4.2.2　字符间距

　　字符间距是指横向字与字的间距。文字的字符间距对微信公众号平台上文章的排版有一定影响，并且会影响读者的阅读体验，所以微信公众号平台的运营者一定要重视对文字间字符间距的排版。

<< 扫码获取配套视频课程，本节视频课程播放时长约为 48 秒。

　　字与字之间需要有合适的间距。如果每个字靠得太近，显得密密麻麻，过于紧凑，用户在阅读的时候会感觉很压抑，但是字间距过大阅读起来也会很累。因此，建议适当设置字间距，在图文编辑页面，设置字间距的按钮，如图 4-6 所示。

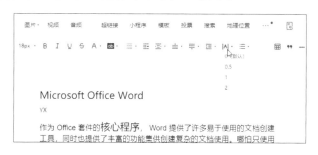

图 4-6

4.2.3　行间距

　　行间距是指文字行与行之间的距离，行间距决定了每行文字纵向间隔的距离，行间距的宽窄也会影响文章的篇幅长度。

<< 扫码获取配套视频课程，本节视频课程播放时长约为 29 秒。

　　在微信公众号后台图文编辑的页面中，共有 7 种行间距，如图 4-7 所示。通常，将行间距设置在 1.5 ～ 2 倍，其排版效果会比较好，大家可以参考一下。

图 4-7

4.2.4 段间距

　　段间距是指段与段之间的距离。段间距的大小也同样决定了每段文字间纵向的距离。微信公众号推文的段落之间也要有合适的距离，不能密密麻麻地挤在一起。

　　<< 扫码获取配套视频课程，本节视频课程播放时长约为 34 秒。

　　在微信公众号后台，图文消息的段间距设置分为段前间距和段后间距两种，都提供了 5、10、15、20、25 五种段间距选择，如图 4-8 所示。

图 4-8

　　运营者可以根据自己微信公众号平台读者的喜好选择合适的段间距。运营者要弄清楚读者喜好的段间距大小，可以采用给读者提供几种段间距版式的文章，让读者通过投票选择的方法来获得。

4.2.5 两端缩进

两端缩进就是我们经常说的两侧留白。在文字两侧留白，可使视线的移动范围减小，使用户读起来更轻松。

<< 扫码获取配套视频课程，本节视频课程播放时长约为31秒。

目前，很多运营者在段落排版时会使用两端缩进的方式，当前缩进的距离也各不相同，在微信公众号后台图文编辑页面中，两端缩进的按钮如图4-9所示。

图 4-9

4.2.6 对齐方式

微信公众号推文的对齐方式有4种：左对齐、右对齐、居中对齐和两端对齐，但是在一般情况下，公众号推文常用的是居中对齐和两端对齐。下面详细介绍这两种对齐方式的应用。

<< 扫码获取配套视频课程，本节视频课程播放时长约为52秒。

在微信公众号后台图文编辑的页面中，设置对齐方式的按钮如图4-10所示。

图 4-10

居中对齐：如果推文一行只显示几个字，这里建议使用居中对齐方式，而且每一行句子结束后不要使用逗号、句号或者分句，这样排版会更美观。

两端对齐：如果文章是大段的文字，建议使用两端对齐方式，文字就会均匀分布在左右页边距之间，右侧不会看起来像缺一个口，会更美观。

4.3 格式设计技巧

运营者在微信公众号后台编辑图文时，可以设置图文的字体格式，让字体更加美观、有特色。格式设计主要内容包括使用分隔线引导视线、文字是否加粗、文字是否倾斜和字体颜色等。本节将详细介绍与格式设计技巧相关的知识。

4.3.1 使用分隔线引导视线

分隔线是用于文章中将两部分内容分隔开的一条线，虽说它叫分隔线，但却不仅仅局限于线条这一种格式，还可以是图片或者其他分隔符号。我们可以借助分隔线将文章的内容分开，这样可以起到提醒的作用，同时也提高了文章版式的舒适感，给读者带来更好的阅读体验。

<< 扫码获取配套视频课程，本节视频课程播放时长约为 36 秒。

操作步骤

第 1 步 进入微信公众号后台编辑图文页面，在编辑好的图文消息中，将光标定位至段与段之间的空白位置，然后单击【分隔线】按钮，如图 4-11 所示。

图 4-11

第 2 步 执行以上操作之后，即可在光标所在行的位置处插入一条分隔线，多次单击【分隔线】按钮会加粗分隔线，效果如图 4-12 所示。

Microsoft Office Word

YX

作为 Office 套件的**核心程序**，Word 提供了许多易于使用的文档创建工具，同时也提供了丰富的功能集供创建复杂的文档使用。哪怕只使用 Word 应用一点文本格式化操作或图片处理，也可以使简单的文档变得比只使用纯文本更具吸引力。

图 4-12

对于微信公众号平台提供的分割线形式少的问题，运营者可以借助其他软件来设计更多的风格类型。图 4-13 所示为 135 编辑器提供的分割线样式。

图 4-13

4.3.2 加粗显得更加醒目

运营者设置字号大小之后，还可以给字体设置加粗效果，从而突出显示文章段落中的某些内容。下面介绍将字体加粗的操作方法。

<< 扫码获取配套视频课程，本节视频课程播放时长约为 21 秒

选中文字，然后单击上方的【加粗】按钮，如图 4-14 所示。执行操作之后，该段文字就会被加粗，效果如图 4-15 所示。

图 4-14　　　　　　　　　　　　　　图 4-15

4.3.3　斜体能被注意到

　　运营者还可以将文字设置成斜体，以区别文章中的重点文字。下面详细介绍将一段文字设置成斜体的操作方法。

＜＜ 扫码获取配套视频课程，本节视频课程播放时长约为 30 秒。

　　选中要设置斜体的文字，然后单击页面上方的【斜体】按钮，如图 4-16 所示。执行操作之后，该段文字的字体就变成了斜体，效果如图 4-17 所示。

图 4-16　　　　　　　　　　　　　　图 4-17

4.3.4　颜色和谐才标准

　　如果有需要，运营者还可以为文字设置颜色，从而让读者更易阅读、更易理解传递的信息，提高可读性。下面详细介绍在微信公众号平台中设置文字颜色的操作方法。

＜＜ 扫码获取配套视频课程，本节视频课程播放时长约为 35 秒。

选中准备添加颜色的文字，然后单击上方的【字体颜色】下拉按钮，系统会弹出一个颜色下拉列表，选中准备应用的颜色，这里选择"#ff4c00"颜色色块，如图4-18所示。执行操作之后，可以看到选择的文字，已被覆盖上了选择的颜色，效果如图4-19所示。

图4-18

图4-19

知识拓展

前文提及的"#ff4c00"颜色色块，其实就是RGB色彩表示法，只是这里采用的是十六进制颜色表示法，前二位（ff）表示红色，中间二位（4c）表示绿色，最后二位（00）表示蓝色。

4.3.5 让页面背景色更多彩

微信公众号后台默认的背景色是白色，如果运营者想为图文信息或其中的某一部分添加背景色，可以通过"背景色"功能按钮来设置，其操作方法与设置字体颜色的方法类似。

<< 扫码获取配套视频课程，本节视频课程播放时长约为31秒。

运营者要先选中内容，然后单击上方的【背景色】下拉按钮，就可以看到很多种颜色，这里选择"#0052ff"颜色色块，如图4-20所示。执行操作之后，这个颜色便会运用到选中的内容上，效果如图4-21所示。

从图4-21中可以看出，在微信公众号上设置背景色，其效果只会显示在有图文内容的部分，其他空白区域不会显示。如果运营者想要为整个版面添加底纹，可以先在Word文档中为内容添加底纹，然后再复制并粘贴到微信公众号后台。当然，也可以通过其他编辑器设置好之后再同步到微信公众号。

图 4-20　　　　　　　　　　图 4-21

4.3.6　内容直达用超链接

　　　　在编辑图文消息的过程中，有时会提及前面推送的内容。一方面，从读者的角度来看，可以让他们便捷地了解更多的内容；另一方面，从企业和商家的角度来看，有利于消息的推广。

　　　　＜＜ 扫码获取配套视频课程，本节视频课程播放时长约为 1 分 03 秒。

　　输入超链接后，如果读者有兴趣，就可以直接点击阅读。下面详细介绍输入超链接的设置方法。

▼ 操作步骤 ··· ●

第 1 步　❶选中要设置超链接的内容，❷单击【超链接】按钮，如图 4-22 所示。

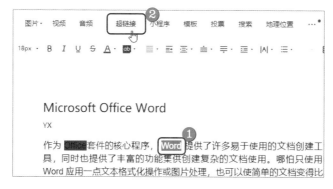

图 4-22

第 2 步 弹出【编辑超链接】对话框，其中显示了输入超链接的两种方式，即【公众号文章链接】和【输入链接】。如果选择【输入链接】，则只要在下方的"链接网址"文本框中输入具体网址即可。❶单击【选择公众号文章】单选按钮，❷在当页如果有与链接内容相符的文章名称，则可以直接选中，如果没有，可以在【搜索框】中输入搜索内容，然后再选择相符的文章名称，❸单击【完成】按钮，如图 4-23 所示。

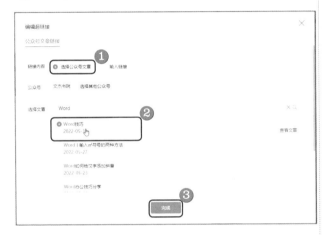

图 4-23

第 3 步 完成上述操作之后，即可完成输入超链接的设置，其效果如图 4-24 所示。

图 4-24

■ **经验之谈**

　　普通订阅号不管是否认证，都可以在微信公众号文章中设置文章、图片超链接，这个超链接只能是已群发的微信公众号文章链接。

4.4 配 色

　　俗话说，爱美之心人皆有之，利用好色彩点缀文章，能让读者更愿意传播文章。排版的色彩搭配通常是容易被忽略的细节，然而整体色彩在很大程度上决定了一篇图文能否成功，完美的色彩搭配会提升阅读的舒适度，一些注重图文色彩的公众号通常自成风格。

4.4.1 文字颜色

　　大家在搭配衣服的时候，全身穿搭最好不要超过 3 种颜色，文章排版也是如此，整篇文章最好不要超过 3 种颜色，如果对色彩把控得比较好，可以在某些细节的地方适当添加颜色。

　　<< 扫码获取配套视频课程，本节视频课程播放时长约为 47 秒。

文字建议使用比较浅的黑色或者是稍微深一点的灰色如 #888888，纯黑色 #000000 不建议使用。大量纯黑色文字容易产生视觉疲劳，可能无形中会增加读者的阅读压力。使用浅色文字能让文章版式更加舒适，阅读起来会轻松很多。全文的文字颜色不要过多，否则会显得过于花哨，建议全文文字不要超过 3 种颜色，如图 4-25 所示。

图 4-25

4.4.2 图片配色

　　一般情况下，微信公众号的推文都需要搭配一些和文字内容相符的配图。在选择图片的时候，应该考虑整篇文章的配色，让整体的颜色能够和谐。

　　<< 扫码获取配套视频课程，本节视频课程播放时长约为 30 秒。

　　如果配图是海报之类的宣传图片，颜色也尽量不要太多，因为配图的质量也会影响整篇文章的质量。如果文章中插入的配图看起来特别混乱，整篇文章的质量就会下降，如图 4-26 所示。

图 4-26

4.4.3 全文配色

如果运营者的微信公众号有自己的品牌色，建议全文配色优先使用品牌色。如果没有自己的品牌色，全文的配色也需要一个基础颜色。

<< 扫码获取配套视频课程，本节视频课程播放时长约为 26 秒。

　　例如，如果全文配色以粉色为主，那么需要强调的文字内容的颜色可以使用粉色系，若全文没有一个整体的色调，看起来花花绿绿的，就毫无美感可言，如图 4-27 所示。

图 4-27

4.5　管　理　素　材

运营者在创作管理中进行图文消息编辑，订阅号消息分为图文消息、图片库、语音和视频等素材内容。本节将详细介绍管理素材的一些基本操作，帮助用户熟练掌握各类素材的应用和设置。

4.5.1　编辑预览和发布图文信息

　　　新建图文消息是创作管理中最主要的内容，在此将重点介绍编辑预览和发布图文信息的相关知识。

　　　<< 扫码获取配套视频课程，本节视频课程播放时长约为36秒。

　　当运营者进入后台管理页面后，在左侧的【内容与互动】功能栏下，选择【草稿箱】选项，即可进入【草稿箱】页面。将鼠标指针移动到某一图文消息时，就会在图文消息上显示出三个按钮，分别是【删除】按钮、【编辑】按钮和【发表】按钮，单击相应的按钮即可进行删除、编辑和发表等操作，并且用户单击图文消息下方的标题链接，即可预览该篇图文消息，如图4-28所示。

图4-28

4.5.2　图片管理

　　　在素材管理中，图片的管理同样很重要。当然，图片的管理大体上与其他素材相似，在此主要介绍其不同于其他素材的设置方式。

　　　<< 扫码获取配套视频课程，本节视频课程播放时长约为1分14秒。

1. 上传图片

"上传"特指图片的上传，操作非常简单，下面详细介绍其操作方法。

▼ 操作步骤 ···•

第1步 进入微信公众号后台管理页面，在左侧的【内容与互动】功能栏下，选择【素材库】选项，进入【素材库】页面，然后单击页面右侧的【上传】按钮，如图 4-29 所示。

图 4-29

第2步 弹出【打开】对话框，❶选择准备上传的图片，❷单击右下角的【打开】按钮，如图 4-30 所示。

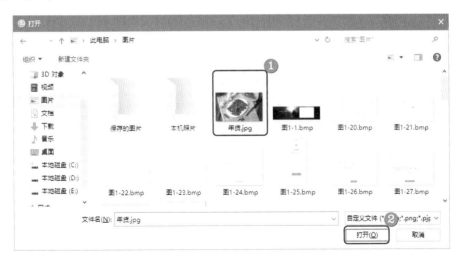

图 4-30

第3步 返回【素材库】页面，如果页面中出现刚刚选择的图片，就说明该图片上传成功，如图 4-31 所示。

图 4-31

2. 分组图片

在【素材库】的【图片】页面中，显示了一些分组信息。除此之外，单击页面右侧【新建分组】按钮，在弹出的页面中输入分组名称，然后单击【确定】按钮即可新建分组，如图 4-32 所示。

图 4-32

将鼠标指针移动至图片上，在图片的右侧出现 … 图标，单击该图标，在弹出的下拉列表中选择【移动分组】选项，如图 4-33 所示。

执行操作后，弹出相应页面，单击分组名称，再单击【确定】按钮，如图 4-34 所示，即可完成图片的分组操作。

图 4-33

图 4-34

4.5.3 音频管理

在【素材库】的【音频】页面，对每一个音频素材都可以进行下载、编辑和删除等操作。

＜＜扫码获取配套视频课程，本节视频课程播放时长约为 56 秒。

将鼠标指针移动到音频素材上方，系统会弹出一个 ⋯ 图标，单击该图标，即可弹出一个下拉列表，用户可以在其中进行相应的操作，如图 4-35 所示。

图 4-35

音频素材对于公众号的作品创作来讲，也是十分重要的，可以丰富、升华作品。下面详细介绍添加音频素材的操作方法。

▼ 操作步骤 ··

第 1 步 进入【音频】管理页面，单击【上传音频】按钮，如图 4-36 所示。

图 4-36

第 2 步 弹出【上传音频】对话框，单击【上传文件】按钮，如图 4-37 所示。

第 3 步 弹出【打开】对话框，❶选择准备上传的音频素材，❷单击右下角的【打开】按钮，如图 4-38 所示。

图 4-37

图 4-38

第 4 步 返回【上传音频】对话框中，❶设置音频素材的标题，❷设置音频素材的分类，❸单击【保存】按钮，如图 4-39 所示。

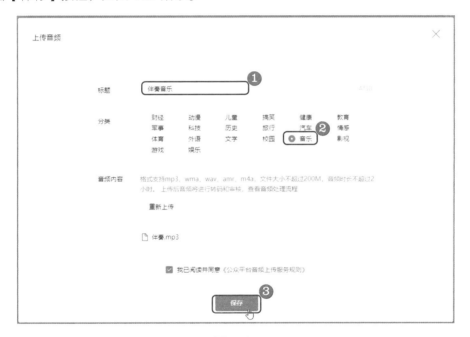

图 4-39

第 5 步 返回【音频】管理页面，可以看到刚刚选择的音频素材已被添加到音频素材库中，即可完成添加音频素材的操作，如图 4-40 所示。

图 4-40

4.5.4 视频管理

在视频素材的管理中，编辑现有视频素材的页面和添加新的视频素材的页面相似，因此，下面以添加视频素材为例介绍视频管理的操作方法。

<< 扫码获取配套视频课程，本节视频课程播放时长约为 54 秒。

操作步骤

第 1 步 进入【视频】管理页面，单击【添加】按钮，如图 4-41 所示。

图 4-41

第 2 步 打开【添加视频】页面，单击【上传视频】按钮，如图 4-42 所示。

图 4-42

第 3 步 弹出【打开】对话框，❶选择准备添加的视频文件，❷单击【打开】按钮，如图 4-43 所示。

图 4-43

第 4 步 返回【添加视频】页面，用户可以设置视频的封面、标题，如图 4-44 所示。

第 5 步 在【添加视频】页面，❶还可以设置视频的分类、视频介绍、话题标签、开启弹幕功能等，❷然后选择【我已阅读并同意《公共平台视频上传服务规则》】复选框，❸单击【保存】按钮，即可完成添加视频素材的操作，如图 4-45 所示。

图 4-44

图 4-45

4.6　使用辅助功能

在微信公众号图文的编辑页面，除了可以进行文字格式的设置和添加多媒体素材外，还提供了多种功能辅助公众号运营和推广，如使用原文链接提供完整体验、使用留言功能实现互动交流和声明原创等。本节将详细介绍使用辅助功能进行图文推广的相关知识。

4.6.1　使用原文链接提供完整体验

　　　　如果微信公众号文章是从其他平台转载或从某一本书中摘录的，运营者想要读者知道文章的出处，那么在推送文章之前，就可以选择在图文中添加原文链接。下面详细介绍在文章中添加原文链接的操作方法。

《《扫码获取配套视频课程，本节视频课程播放时长约为 30 秒。

操作步骤

第 1 步　进入【图文消息编辑】页面后，❶勾选页面下方的【原文链接】复选框，系统会出现相对应的输入框，❷在该输入框中输入该篇文章的原出处网址，❸单击【确定】按钮，如图 4-46 所示。

图 4-46

第 2 步　当该篇文章推送出去后，会在文章末尾看见"阅读原文"字样，读者只要单击【阅读原文】链接，即可跳转到输入的网址页面，如图 4-47 所示。

图 4-47

4.6.2 使用留言功能实现互动交流

运营者如果想要与读者互动，可以在文章末尾开启留言功能，让读者进行留言。下面详细介绍在微信公众号平台的图文编辑页面开启文章留言功能的操作方法。

<< 扫码获取配套视频课程，本节视频课程播放时长约为 28 秒。

进入【图文消息编辑】页面后，①选中页面下方的【留言】复选框，即可成功启用留言功能，并且会出现【所有用户】、【已关注的用户】和【已关注 7 天及以上的用户】三个单选项，②选中【所有用户】单选按钮，如图 4-48 所示。当文章推送出去之后，读者即可在平台进行留言。

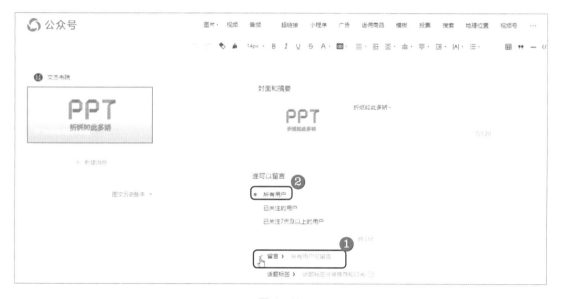

图 4-48

4.6.3 原创声明

如果运营者要推送的文章是自己原创的，那么就可以开启原创声明功能。下面详细介绍开启微信公众号文章的原创声明的操作方法。

<< 扫码获取配套视频课程，本节视频课程播放时长约为 31 秒。

操作步骤 ···

第1步 进入【新建图文消息】页面后，在该页面下方会有一个【未声明原创】滑动按钮，将该按钮设置为选中状态，如图 4-49 所示。

图 4-49

第2步 弹出【声明原创】对话框，❶填写作者的名称，选择文章类别等，❷单击【确定】按钮，如图 4-50 所示。

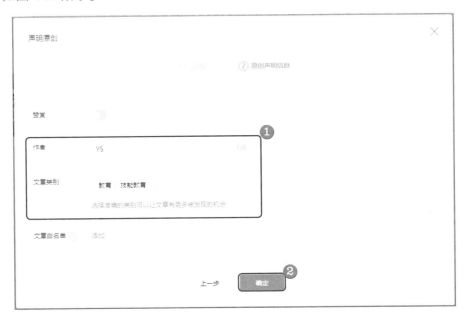

图 4-50

第3步 执行操作之后，即可返回到【新建图文消息】页面，运营者可以在该页面下方看见

【已声明原创】信息，即可完成声明原创的操作，如图 4-51 所示。

图 4-51

4.6.4　运用多彩二维码

在现实生活中，到处都能见到二维码的身影，二维码营销已经成为一种很常见的营销方式。二维码也是微信公众号平台的电子名片。

＜＜扫码获取配套视频课程，本节视频课程播放时长约为 37 秒。

运营者在运营自己的平台账号时，可以制作多种类型的二维码进行推广与宣传，吸引具有不同审美观的读者。将我们生活中用到的二维码进行分类，可以分为 5 种类型，即黑白二维码、指纹二维码、彩色二维码、logo 二维码和动态二维码。下面将详细介绍这 5 种二维码的相关知识。

1. 黑白二维码

在我们的日常生活中，比较常见的二维码形式都是黑白格子的，如图 4-52 所示。这种单一的形式已经不能够满足喜欢新鲜、喜欢创新的消费者了。

图 4-52

2. 指纹二维码

相信很多人对这种指纹二维码都不会感到陌生，这是之前很流行的一种二维码类型。它的特色是一张普通的二维码旁边带一个指纹型的动态图。相对于一般的二维码，它给人的感觉会比较有趣。图 4-53 所示为一张指纹二维码。

图 4-53

3. 彩色二维码

彩色二维码是一种非常有特色的二维码，它不像黑白二维码那么单调、死板，它是亮丽、有活力的。这种二维码能够吸引大批追求新颖与特色的用户，能够使微信公众号平台变得更有个性。图 4-54 所示为一张彩色二维码。

图 4-54

4. logo 二维码

logo 二维码是指将企业 logo 设计到二维码中，使得读者在扫描二维码或者阅读时能够看到企业的 logo 形象，可加深读者对企业的印象，也可达到提升企业知名度的目的。

这种类型的二维码是企业型运营者进行微信营销与推广很常用的一种二维码，其效果也是很不错的。图 4-55 所示为一张 logo 二维码。

图 4-55

5. 动态二维码

　　动态二维码也是微信公众号平台运用得非常广泛的一种二维码类型，它相对于静态二维码来说能够带给读者更多动感，能给看见的人留下非常深刻的印象。一张动态微信公众号二维码就是一张动态名片。图 4-56 所示为动态二维码。

图 4-56

第 5 章

微信公众号编辑器

如果说内容是一篇文章的灵魂，那么版式就是一篇文章的皮囊。如何在众多的公众号里脱颖而出，抓住读者的眼球，好看便是第一步。怎么才能好看呢？那就是排版！本章将详细介绍使用微信公众号编辑器排版的相关知识及操作方法。

5.1　常见编辑器介绍

运营微信公众号，会做好看的文章版式几乎是必备技能，但是微信公众号后台自带的编辑器功能实在太少，想排出一篇精美的文章几乎不可能，所以很多人会用到第三方微信编辑器对文章进行排版。市面上的排版工具五花八门，各有不同的优势和特点，让人在选择时眼花缭乱。本节将为大家介绍几款比较常见的微信公众号编辑器。

5.1.1　135 编辑器

135 编辑器是一款可进行微信公众号文章排版和内容编辑的在线工具，样式丰富，支持秒刷、收藏样式和颜色、图片素材编辑、图片水印、一键排版等功能，可轻松编辑微信公众号图文。

<< 扫码获取配套视频课程，本节视频课程播放时长约为 40 秒。

现在大部分运营者还是比较习惯使用 135 编辑器的样式，里面的导航栏分布很清晰，很快就能找到自己想要的样式，最重要的是里面的功能特别多，包括运营工具、一键排版、SVG 编辑器等。135 编辑器的主界面如图 5-1 所示。

图 5-1

5.1.2　秀米编辑器

秀米编辑器是一款专门用于微信公众号平台的文章编辑工具。最新版秀米编辑器有很多原创模板素材，排版风格也很多样化、个性化，在秀米编辑器中可以设计出专属于自己的文章版式。

<< 扫码获取配套视频课程，本节视频课程播放时长约为 32 秒。

秀米编辑器的页面模板及组件丰富、多样化，但样式比较简单，如果你的公众号版式偏简约风，可以尝试使用它。秀米编辑器的主界面如图 5-2 所示。

图 5-2

5.1.3　**96 微信编辑器**

96 微信编辑器是一款强大的微信公众号平台在线编辑排版工具。96 微信编辑器提供手机预览功能，让用户在微信图文文章内容排版、文本编辑、素材编辑上更加方便。

<< 扫码获取配套视频课程，本节视频课程播放时长约为 27 秒。

96 微信编辑器和前文介绍的 135 编辑器功能类似，96 微信编辑器的主界面如图 5-3 所示。

图 5-3

5.1.4　i排版微信编辑器

　　i排版微信编辑器是一款排版效率高、界面简洁、样式原创设计的微信排版工具，支持全文编辑，是实时预览、一键样式、一键添加签名的微信图文编辑器。短短3分钟，就能排好一篇优秀的微信图文文章。

<< 扫码获取配套视频课程，本节视频课程播放时长约为38秒。

　　i排版微信编辑器的样式很多，风格时尚漂亮，特别适合年轻人，它还可以将文章一键生成长图，添加签名功能，并且还能够找到好看的图片素材，设计公众号的封面图和海报。i排版微信编辑器的主界面如图5-4所示。

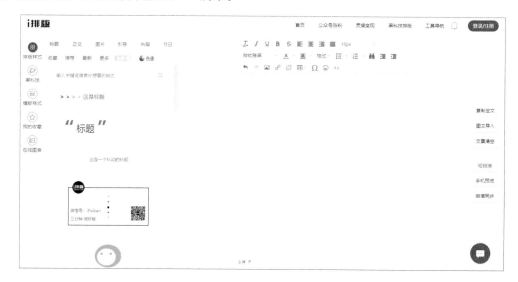

图5-4

5.1.5　小蚂蚁微信编辑器

　　小蚂蚁微信编辑器是一款高颜值的图文排版工具，专业致力于微信文章排版美化，提供10万个以上的微信图文素材编辑模板，还有各种SVG趣味互动样式。

<< 扫码获取配套视频课程，本节视频课程播放时长约为30秒。

　　小蚂蚁微信编辑器的素材样式覆盖了各行各业，所有用户都能在其中找到合适的素材，素材每日更新，节日热点等素材一般都会提前更新。小蚂蚁编辑器的界面更加简单直观，编辑菜单功能丰富实用。小蚂蚁编辑器的主界面如图5-5所示。

图 5-5

5.2　使用编辑器排版

编辑器是一款运营者常用的在线图文排版工具，为了让大家更简便、快速地上手微信编辑器，下面将以 135 编辑器为例，详细介绍使用微信编辑器的相关知识及操作方法。

5.2.1　输入文本

135 编辑器界面共分为 4 个区域：左侧工具栏、样式展示区、素材排版区（编辑区）、常用功能区。本节将介绍输入文本的相关操作方法。

<< 扫码获取配套视频课程，本节视频课程播放时长约为 22 秒。

打开 135 编辑器界面后，首先需要将准备进行排版的图文内容输入或者复制粘贴到编辑区域，如图 5-6 所示。

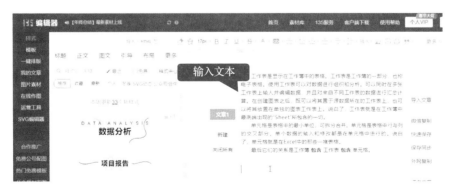

图 5-6

5.2.2 样式秒刷

　　在 135 编辑器样式中心可以看到很多好看的样式，135 编辑器支持这些样式一键秒刷，运营者不用再做先插入样式，再修改内容，然后再调整修改样式这样的烦琐操作了。

<< 扫码获取配套视频课程，本节视频课程播放时长约为 23 秒。

操作步骤

第1步 ❶选中编辑区域中的图文内容，❷在左侧的样式栏中选择一个样式，如图 5-7 所示。

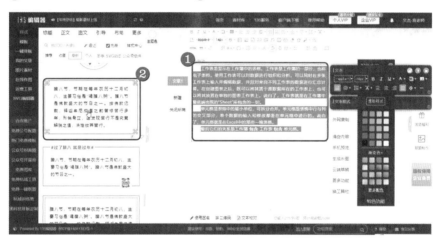

图 5-7

第2步 单击左侧样式栏中的一个样式后，即可完成样式秒刷，效果如图 5-8 所示。

图 5-8

5.2.3 手机预览

使用 135 编辑器完成文章的排版后，运营者就可以使用【手机预览】功能，扫描二维码查看该版式在手机上的显示效果，下面详细介绍其操作方法。

<<扫码获取配套视频课程，本节视频课程播放时长约为 22 秒。

第 1 步 完成文章的排版后，单击右侧功能栏中的【手机预览】按钮，如图 5-9 所示。

图 5-9

第 2 步 如果没有绑定手机号，系统会弹出【绑定手机号】对话框，按照要求绑定手机号，设置登录密码，如图 5-10 所示。

图 5-10

第 3 步 完成手机号绑定操作后，系统即可弹出预览对话框，用户可以在这里预览排版效果，也可以使用手机扫描左侧的二维码，如图 5-11 所示。

第 4 步 扫描二维码后，手机中将会显示排版后的效果，这样即可完成手机预览的操作，如图 5-12 所示。

图 5-11

图 5-12

5.2.4 保存同步至 135 编辑器

使用 135 编辑器完成文章的排版后，运营者还可以将其保存同步至 135 编辑器中，这样就再也不用担心自己辛苦创作出来的排版内容丢失了。

<< 扫码获取配套视频课程，本节视频课程播放时长约为 27 秒。

 操作步骤

第 1 步 完成文章的排版后，单击右侧功能区中的【保存同步】按钮，如图 5-13 所示。

图 5-13

第2步 弹出【保存图文】对话框,在其中可以填写图文标题、图文摘要等内容,然后单击
【保存文章】按钮,如图 5-14 所示。

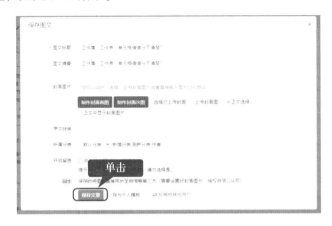

图 5-14

第3步 保存同步后,单击左侧功能栏的【我的文章】按钮,即可找到已经保存的内容,
如图 5-15 所示。

图 5-15

5.3　使用编辑器的样式功能

135 编辑器的样式功能非常丰富,本节将详细介绍样式的收藏与取消、给样式换色、快
速找到想要的样式、将二维码样式中的二维码替换成自己的二维码等相关知识及操作方法。

5.3.1 样式的收藏与取消

如果运营者对某一款样式比较喜欢，想下次继续使用，那么可以将其收藏。另外，取消收藏也很简单。下面详细介绍样式的收藏与取消的相关知识及操作方法。

<< 扫码获取配套视频课程，本节视频课程播放时长约为 34 秒。

▼ 操作步骤 ••

第 1 步 在为文章排版时，如果在左侧样式中有自己喜欢的，并且准备下次继续使用，可以将鼠标指针移动到它的上方，然后单击右下角处的【收藏】按钮，如图 5-16 所示。

图 5-16

第 2 步 收藏成功的样式会在上方的【收藏】选项卡中显示，并且用户可以以时间或者次数的方式显示，如图 5-17 所示。

图 5-17

第3步 如果想取消收藏，可以将鼠标指针移动到样式上方，然后单击右下角处的【取消收藏】按钮，如图 5-18 所示。

图 5-18

知识拓展

有 VIP 标记的样式免费会员需要充值为正式会员才能收藏使用；勾选【免费】模式，即可一键屏蔽所有需付费的样式。

5.3.2　给样式换色

在 135 编辑器内，大部分图文样式支持用户自己定义颜色。部分样式为固定图片样式，不能修改颜色。更改样式配色的方法有两种，一种是通过配色方案条换色，另一种是通过弹出菜单栏上的配色工具换色。

<< 扫码获取配套视频课程，本节视频课程播放时长约为 39 秒。

▼ 操作步骤

第1步 ❶选中准备换色的文字，❷在右侧的配色方案条中，选中准备换色的颜色块，如图 5-19 所示。

第2步 此时，即可看到已经将样式颜色更换为选中的颜色，这样即可通过配色方案条换色，如图 5-20 所示。

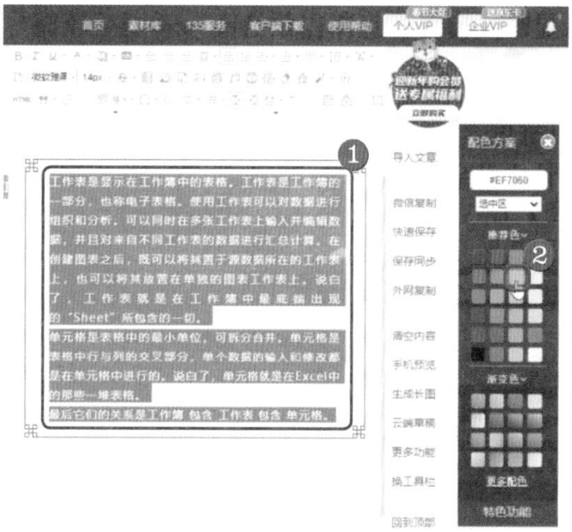

图 5-19

图 5-20

第3步 ❶将鼠标指针定位到文本区域中，❷弹出一个【全局样式】工具条，单击【显示色盘】按钮，❸在弹出的色盘中选择准备更换的色块，如图 5-21 所示。

第4步 此时，即可看到已经将样式颜色更换为选中的颜色，这样即可通过弹出菜单栏上的配色工具换色，如图 5-22 所示。

图 5-21

图 5-22

5.3.3 快速找到想要的样式

在 135 编辑器文字排版工具中，有海量的样式素材供用户使用，可是如何能够快速找到自己想要的素材呢？下面详细介绍快速找到自己想要的样式的相关方法。

<< 扫码获取配套视频课程，本节视频课程播放时长约为 1 分 17 秒。

1. ID 精确搜索样式

在 135 编辑器左侧样式展示区，输入样式 ID 或者关键词就可以定位某个样式，如图 5-23 所示。

图 5-23

使用鼠标左键单击搜索框，在搜索框弹窗中，会出现最近搜索的内容、近期热门搜索以及官方推荐搜索，如图 5-24 所示。

图 5-24

2. 获取一个样式 ID

在编辑区内，将鼠标指针移动到样式上，即可弹出一个样式提示框，可以看到详细的样式 ID，如图 5-25 所示。

在左侧样式展示区，将鼠标指针放在样式上等待 1 秒钟，也会出现样式 ID，如图 5-26 所示。

3. 关键词模糊搜索样式

在搜索栏里，可以输入想要的样式关键词，进行模糊查找。这里要注意，在编辑器页面左侧搜索出来的并不是 135 编辑器所有的与之相关的样式，篇幅有限这里只会展现部分样式，如图 5-27 所示。

图 5-25

图 5-26

图 5-27

4. 标签搜索样式

　　用户也可以通过样式中心标签栏查找样式，这里提供了热门、常见的样式标签。按住 Ctrl 键，连续单击多个标签，可以进行更细分的筛选。例如，按住 Ctrl 键，然后选择【编号标题】、【母婴】标签，可以筛选出母婴行业中的编号标题，如图 5-28 所示。

图 5-28

5.3.4 将二维码样式中的二维码替换成自己的二维码

 在 135 编辑器内有很多二维码样式，如果要替换二维码，要首先下载自己公众号的二维码，文章中展示的二维码，一定要替换成自己的二维码，不然无法产生引导的效果。

<< 扫码获取配套视频课程，本节视频课程播放时长约为 40 秒。

选择一个二维码样式后，在编辑区内，❶选中二维码图片，在弹出的工具条中，❷单击【换图】链接，如图 5-29 所示。

图 5-29

弹出【多图上传】对话框，❶切换到【本地上传】选项卡，❷单击【普通图片上传】按钮，如图 5-30 所示。

弹出【打开】对话框，❶选择准备替换的二维码图片，❷单击【打开】按钮，如图 5-31 所示。

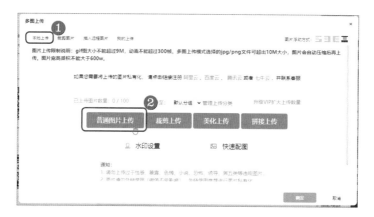

图 5-30

图 5-31

返回【多图上传】对话框，可以看到已经将选择的二维码图片添加到其中，❶单击【开始上传】按钮，❷单击【确定】按钮，如图 5-32 所示。

图 5-32

返回编辑器主界面中，可以看到已经将二维码样式中的二维码替换成自己的二维码，如图 5-33 所示。

图 5-33

5.4 使用编辑器的模板

单击 135 编辑器左侧的【模板】按钮，即可使用这里的全文模板来给文章排版。这里的全文模板不支持一键秒刷，因此，建议先把文稿准备好之后，再选取模板，然后把内容替换到模板中。全文模板有两种使用方式，一种是分开使用，另一种是整套使用。

5.4.1 分开使用模板

打开 135 编辑器后，单击左侧的【模板】按钮，进入【模板中心】界面，即可使用模板功能了。下面详细介绍如何分开使用模板。

<< 扫码获取配套视频课程，本节视频课程播放时长约为 33 秒。

将鼠标指针移动到准备使用的模板上，系统会弹出一个阴影提示框，选择【分开使用】选项，如图 5-34 所示。

系统将自动拆分全文模板，将全文切割为若干板块，每一板块都可以单独使用。例如，这里选择一个正文的样式，选取之后，自动显示在编辑区中，如图 5-35 所示。

图 5-34

图 5-35

在编辑区中，用户可以进行编辑操作，从而完成分开使用模板的操作，如图 5-36 所示。

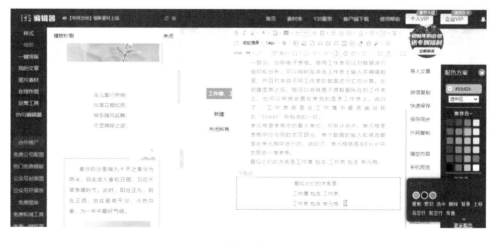

图 5-36

5.4.2 整套使用模板

很多微信公众号的运营者，辛苦写了一天稿子，快要发布时，自己选了很多样式，放到一起最后还是感觉乱乱的，并没达到心中理想的效果。这时我们就可以整套使用模板，提高排版效率。

<< 扫码获取配套视频课程，本节视频课程播放时长约为 23 秒。

将鼠标指针移动到准备使用的模板上，系统会弹出一个阴影提示框，选择【整套使用】选项，如图 5-37 所示。

图 5-37

可以看到整个模板内容自动复制到编辑区，如图 5-38 所示。

图 5-38

在编辑区中，用户再用自己的内容替换默认内容，即可完成整套使用模板的操作，如图 5-39 所示。

图 5-39

5.5　使用编辑器的一键排版

如果运营者需要在短时间内处理大量的文章版式，而且日常推文的排版风格基本保持一致，希望简化排版步骤，缩短排版时间，那么一键排版功能就可以派上用场。135 编辑器的一键排版功能可以迅速套用排版规则，为文章进行全文排版。

5.5.1　使用一键排版

为了提升用户的排版效率，135 编辑器一键排版功能做了全面提升。不但能够适配更多样式，还能根据用户的需求，自定义一键排版功能。下面详细介绍如何使用一键排版功能。

<< 扫码获取配套视频课程，本节视频课程播放时长约为 39 秒。

在 135 编辑器内录入内容后，单击左侧【一键排版】选项，可以选择一款系统搭配好的一键排版规则，将鼠标指针移动到该排版规则上，在弹出的浮窗中单击【使用】按钮，如图 5-40 所示。

进入【参数设置】页面中，用户可以设置系统是否自动识别文章内的小标题、正文基础样式、顶部签名等参数，然后单击【一键排版】按钮，如图 5-41 所示。

可以看到在编辑区中已经成功进行了一键排版，并弹出一个信息提示框，如图 5-42 所示。

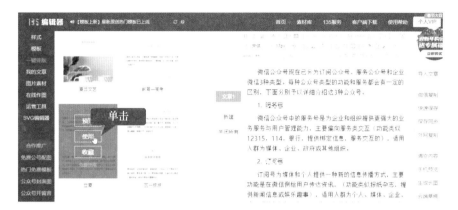

图 5-40

图 5-41

图 5-42

5.5.2 收藏与取消收藏一键排版

在使用一键排版功能时，如果遇到自己喜欢的样式，运营者还可以将它收藏，方便以后继续使用，当然还可以取消收藏。

<< 扫码获取配套视频课程，本节视频课程播放时长约为 30 秒。

进入【一键排版】页面后，将鼠标指针移动到准备收藏的排版样式上，待出现浮窗后，单击【收藏】按钮，即可完成收藏一键排版的操作，如图 5-43 所示。

图 5-43

进入【一键排版】页面后，切换到【收藏】选项卡，即可进入收藏页面，将鼠标指针移动到准备取消收藏的一键排版上，待出现浮窗后，单击【取消收藏】按钮，即可完成取消收藏一键排版的操作，如图 5-44 所示。

图 5-44

第 6 章
公众号配图和视频

　　一篇合格的公众号文章，除了精彩的文字内容外，添加图片和视频是必不可少的，这会使文章更加出彩，更有吸引力。本章主要介绍公众号配图和视频的相关知识及操作方法。

6.1 搜索配图和视频素材

工欲善其事，必先利其器。在制作短视频之前，了解一些图片、视频素材网站，能极大地提高工作效率和质量。运营微信公众号最需要的素材应该就是图片和视频素材了，高质量的图片和视频素材都是吸粉的利器。

6.1.1 常见素材网站

现在很多优秀的设计师和新媒体营销达人都非常擅长合理地运用优质的图片、视频素材为自己的作品增光增彩。在这个快节奏的时代，图片和视频容易突出主题、易于观看、交互性强的特点让大家耳目一新。

<< 扫码获取配套视频课程，本节视频课程播放时长约为 3 分 45 秒。

去哪里寻找优质的图片和视频素材呢？这里给大家推荐一些常见的素材网站。

1. pixabay 网站

pixabay 网站是一个为全球用户提供高质量图片共享的社区，有超过百万张的照片、插画、矢量图片以及视频资源，种类丰富，全部免费，没有版权限制。该社区还提供了强大的快速搜索和下载功能，可以自定义过滤条件，帮助用户更好地查找资源，同时也支持资源上传共享，如图 6-1 所示。

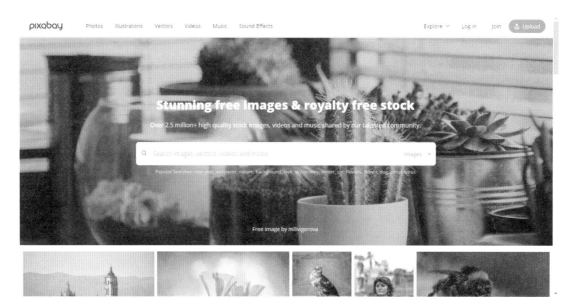

图 6-1

2. visualhunt 网站

visualhunt 网站最大的特点是可以通过颜色搜索相应的图片，非常适合运营者制作同色系的内容，如图 6-2 所示。

图 6-2

3. Pexels 素材网

Pexels 素材网是一个提供大量分享图片素材的网站，每周定量更新。因为 Pexels 素材网的照片是人工采集的，所以每周的图片更新速度并不快，但质量很好。所有的图片在 Pexels 上都可以显示详细信息，比如摄相机的型号、光圈、焦距、感光度（ISO）等，便于每个人选择适合自己的材料，如图 6-3 所示。

图 6-3

4. FreeImages 图片素材网

FreeImages 图片素材网用户可以按照主题、摄影师甚至相机来浏览免版税照片，并且所有照片均可免费用于个人和商业用途，如图 6-4 所示。

图 6-4

5. 千图网

大多数做设计的人员都知道这个网站，拥有 800 多万个精美素材，涵盖平面广告、电商淘宝、绘画插画等多种类型的图片素材，并且有众多明星设计师设计的精美素材，无论是个人需求还是企业需求，在这里都可以轻松得到满足，如图 6-5 所示。

图 6-5

6. 预告片世界网站

预告片世界网站提供世界上最新最全的电影预告片，可以免费下载。网站会收集整部电影最精华的片段，相当于事先筛选了电影的精彩场景，如图 6-6 所示。

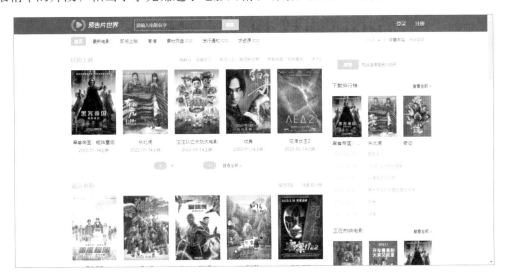

图 6-6

7. 音范丝网站

音范丝网站提供大量 4k 高清无水印优秀电影，通过其电影功能可以看到世界受欢迎的电影明星作品排行榜和作品介绍，人物系列作品的盘点和人物的混合剪辑很方便，网站的所有电影都可以复制到迅雷下载，如图 6-7 所示。

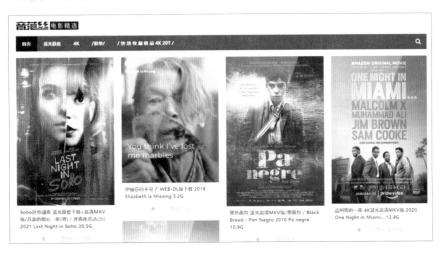

图 6-7

8. 做视频网

做视频网提供了大量的 PR、AE 以及 CAD 模板，在制作视频时无须担心不会添加视频效果的问题，并且还有 UI 设计教程，包括电商、网页、移动端、交互动效视频教程、布局与构图教程等都可以在这里找到。除此之外，该网还提供了大量免费的特效视频，如图 6-8 所示。

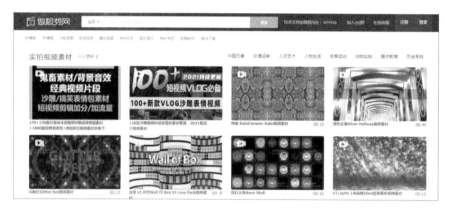

图 6-8

9. videvo 网站

videvo 网站同样提供了大量免费的视频素材，不仅有常见的动漫、动画类素材，还有各种开头和结尾应用的特效视频素材，而且不用担心版权问题，直接注明出处即可使用。如果你是音乐爱好者，也可以在这里找到独特的音乐类视频素材，快速为视频添加混音等音频效果，如图 6-9 所示。

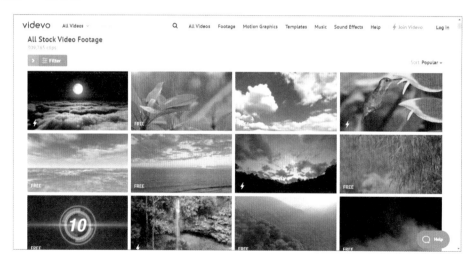

图 6-9

6.1.2 下载与保存素材

现在很多工作都需要用到图片、视频等素材，但是有很多运营者还不知道该如何下载与保持素材，下面以在"千图网"下载素材为例，详细介绍下载保存素材的操作方法。

《《扫码获取配套视频课程，本节视频课程播放时长约为 1 分 05 秒。

操作步骤

第 1 步 进入千图网后，在【搜索】文本框中，输入准备下载的素材关键词，❶例如，输入"水花"，❷然后单击【搜索】按钮，如图 6-10 所示。

图 6-10

第 2 步 进入搜索结果页面，显示搜索结果，将鼠标指针移动到准备下载的素材上，然后单击【免费下载】按钮，如图 6-11 所示。

第 3 步 进入下载页面，提示已成功启动下载，选择一个下载线路，这里单击【快速下载线路一】按钮，如图 6-12 所示。

第 4 步 弹出【新建下载任务】对话框，❶设置名称、下载文件保存位置，❷然后单击【下载】按钮，如图 6-13 所示。

第 5 步 完成下载后，系统会显示"完成"字样。用户可以单击【打开】或者【文件夹】按钮，直接打开文件或者打开文件所在的路径，如图 6-14 所示。

图 6-11

图 6-12

图 6-13

第 6 步 进入千图网后，用户还可以在【搜索】文本框左侧，单击【全部】下拉按钮，在弹出的下拉列表框中，选择详细的下载分类，从而更精准地搜索想要的素材文件，如图 6-15 所示。

图 6-14

图 6-15

6.2　简洁的图片和视频制作工具

选择适合自己的图片和视频制作工具，对微信公众号的运营可以起到事半功倍的效果。在制作微信公众号内容时，通常要处理各种形式的素材，如图片、视频和音频等，因此运营者还需要掌握不同的图片和视频制作工具，以快速制作出优秀的作品。

6.2.1　美图秀秀

美图秀秀是当下流行的免费图片处理软件，新手也能快速使用，美图秀秀拥有精选素材、独家特效、美容、拼图等功能，让运营者能随时随地记录、分享美图。

<<　扫码获取配套视频课程，本节视频课程播放时长约为 22 秒。

美图秀秀是一款很好用的图片处理软件，其拥有的图片特效、美容、拼图、场景、边框、饰品等功能，加上每天更新的精选素材，可以让运营者花费很少的时间就能制作出影楼级照片。美图秀秀软件的界面如图 6-16 所示。

图 6-16

6.2.2 光影魔术手

光影魔术手是一款图形图像处理软件，功能强大、操作简单，无须掌握任何专业的图像技术就能轻松制作出专业图像，是一款免费的图像处理软件。

<< 扫码获取配套视频课程，本节视频课程播放时长约为 39 秒。

光影魔术手是一款针对图像画质进行改善提升及效果处理的软件，具有许多独特之处，如反转片效果、黑白效果、数码补光、冲版排版等，且其批量处理的功能非常强大，是摄影作品后期处理、图片快速美化、数码照片冲印整理等必备的图像处理软件，能够满足绝大部分人进行照片后期处理的需要。光影魔术手软件的界面如图 6-17 所示。

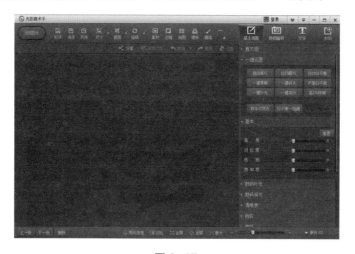

图 6-17

6.2.3 海报工厂

海报工厂是一款专门用于图片设计、美化、拼接、制作的 App 软件，由美图秀秀官方和数十位国内外知名设计师倾心打造。其拥有杂志封面、电影海报、美食菜单、旅行日志等最潮海报元素，一秒打造视觉大片。

<< 扫码获取配套视频课程，本节视频课程播放时长约为 21 秒。

海报工厂 App 软件可让运营者轻松地进行各项修改服务，轻松定制出不错的海报效果，快速添加各类特效和文字，快速建立各类专题。海报工厂的主界面及操作界面如图 6-18 所示。

图 6-18

6.2.4 剪映

剪映有手机版和电脑版两种版本，我们这里主要介绍剪映电脑版。剪映电脑版是一款轻而易剪的视频编辑工具，使用剪映电脑版能够轻松编辑视频。

<< 扫码获取配套视频课程，本节视频课程播放时长约为 39 秒。

剪映电脑版是一款非常实用的视频制作软件，有了这款软件，我们就可以非常轻松地

制作好玩又有趣的短视频，非常符合当下喜欢玩短视频的年轻用户群体的需求。使用剪映电脑版软件还能够轻松地编辑视频，包括卡点、去水印、特效制作、倒放、变速等，另外，还有专业软件风格滤镜、精选贴纸为视频增添乐趣。剪映电脑版软件的主界面如图6-19所示。

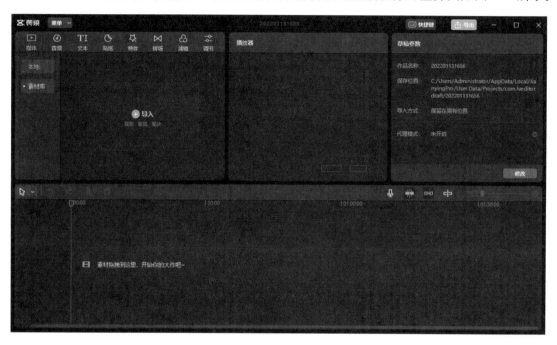

图6-19

6.2.5 格式工厂

格式工厂（format factory）提供了音视频文件的剪辑、合并、分割，视频文件的混流、裁剪和去水印等功能。该软件还包含视频播放、屏幕录像和视频网站下载等功能，无须再额外安装其他软件。

<< 扫码获取配套视频课程，本节视频课程播放时长约为28秒。

格式工厂是一款功能全面的格式转换软件，几乎支持转换所有主流的多媒体文件格式。在新版本的格式工厂中，更对移动播放设备做了补充，使用户无须费劲研究不同的设备对应什么播放格式，而是直接从格式工厂的列表中选择手中设备的型号，就能轻松开始转换，更方便地实现广大移动一族的需求。格式工厂软件的主界面如图6-20所示。

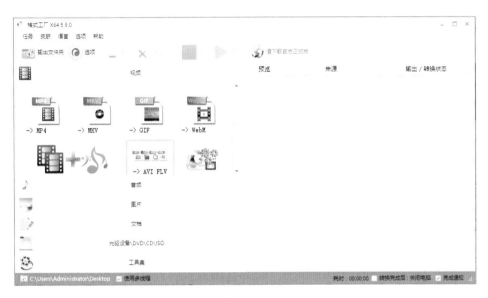

图 6-20

6.3　常见图片处理应用案例

运营微信公众号离不开精美的图片，学会对图片进行美化是每个运营者必备的技能之一。美图秀秀由美图公司研发推出，是一款免费的图片处理软件，比 Adobe Photoshop 简单很多。图片特效、美容、拼图、场景、边框、饰品等功能，加上每天更新的精选素材，可以让用户 1 分钟制作出影楼级照片。本节将介绍使用美图秀秀处理常见图片的相关知识及操作方法。

6.3.1　调整亮度，丰富细节

在微信公众号平台，亮度适中的照片通常都能获得更好的欣赏效果，得到用户的好评，而亮度过高或过低都会给照片带来诸多的损害，使用美图秀秀可以轻松地调整亮度，从而让发布的照片细节丰富、颜色亮丽。下面详细介绍其操作方法。

＜＜扫码获取配套视频课程，本节视频课程播放时长约为 40 秒。

操作步骤

第 1 步　启动美图秀秀软件，选择主界面中的【美化图片】标签，进入【美化图片】界面，单击【打开图片】按钮，如图 6-21 所示。

图 6-21

第 2 步 弹出【打开图片】对话框，❶选择准备调节亮度的图片，❷单击【打开】按钮，如图 6-22 所示。

图 6-22

第 3 步 可以看到选择的图片已经在美化界面中打开，选择界面左侧【增强】功能栏下的【光效】选项，如图 6-23 所示。

第 4 步 进入【光效】界面，使用鼠标拖曳【亮度】滑块至合适的位置，可以看到此时的图片更加饱和、富有细节，然后单击界面下方的【应用当前效果】按钮，即可完成亮度调整，如图 6-24 所示。

图 6-23

图 6-24

6.3.2　背景虚化，富有层次

　　美图秀秀的背景虚化功能是非常有特色的，会使图片中的主体显得更有层次，也会让人眼前一亮，有一种新鲜感。在微信公众号平台发布这样的图片，能够更好地引起大家的注意。

　　＜＜ 扫码获取配套视频课程，本节视频课程播放时长约为 48 秒。

操作步骤 ··•

第1步 进入美图秀秀的【美化图片】界面，打开准备虚化的图片，然后选择界面左侧【细节调整】功能栏下的【背景虚化】选项，如图 6-25 所示。

图 6-25

第2步 进入【背景虚化】界面，❶设置【画笔大小】、【虚化力度】，❷然后使用圆圈画出主体部分，单击界面下方的【应用当前效果】按钮，如图 6-26 所示。

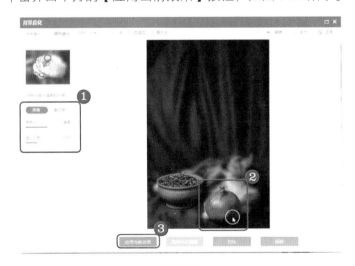

图 6-26

第3步 返回【美化图片】界面，可以看到虚化后的照片效果，主体部分更加突出，单击右上角的【保存】按钮，如图 6-27 所示。

图 6-27

第 4 步 弹出【保存】对话框，设置【保存路径】、【文件名与格式】、【画质调整】等参数，最后单击【保存】按钮，即可完成背景虚化的操作，如图 6-28 所示。

图 6-28

6.3.3 智能特效，更有特色

通过美图秀秀的智能特效功能，用户只需要使用鼠标一点就可以制作出专业的照片特效，使照片更有特色，更能引起公众号粉丝的注意。

<< 扫码获取配套视频课程，本节视频课程播放时长约为 30 秒。

▼ 操作步骤 ⋯⋯⋯⋯⋯⋯⋯⋯⋯⋯⋯⋯⋯⋯⋯⋯⋯⋯⋯⋯⋯⋯⋯⋯⋯●

第 1 步 进入美图秀秀的【美化图片】界面，打开准备编辑的图片，❶在右侧的【特效滤镜】区域中，选择【质感】选项，❷选择准备应用的特效，如选择"味蕾之旅"，如图 6-29 所示。

图 6-29

第 2 步 此时，在【美化图片】界面中就可以看到智能美化后的图片效果，❶弹出一个【透明度】调节框，根据需要进行调节，❷单击【确定】按钮即可完成智能特效的操作，如图 6-30 所示。

图 6-30

6.3.4 拼图功能，多彩效果

拼图就是将不同的图片进行拼合排列，利用美图秀秀中的拼图功能，用户可以进行单色背景的拼图处理，也可以为其添加相应的背景，制作出多彩的拼图效果。

<< 扫码获取配套视频课程，本节视频课程播放时长约为1分17秒。

 操作步骤 ....●

第1步 进入美图秀秀的【美化图片】界面，打开准备编辑的图片，选择界面上方的【拼图】标签，如图6-31所示。

图6-31

第2步 进入【拼图】界面，在界面左侧的【拼图】功能栏下单击【自由拼图】按钮，如图6-32所示。

第3步 打开【拼图】窗口，自动弹出应用系统相应的背景，用户还可以单击右侧的背景样式更换拼图背景，如图6-33所示。

图 6-32

图 6-33

第 4 步 在【拼图】窗口中,在左侧的【图片设置】功能栏下单击【添加图片】按钮,如图 6-34 所示。

图 6-34

第 5 步 弹出【打开多张图片】对话框,❶选择准备添加的多张图片,❷单击【打开】按钮,如图 6-35 所示。

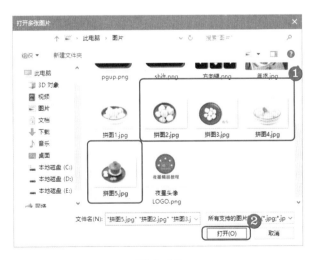

图 6-35

第 6 步 将打开的多张图片拖曳到合适的位置,如图 6-36 所示。

图 6-36

第 7 步 单击【随机排版】按钮，让图片进行随机排列，如图 6-37 所示。

图 6-37

第 8 步 在【图片编辑】区中，选中某一张图片，会弹出【图片设置】对话框，在这里可以设置【透明度】、【旋转角度】、【图片大小】、【描边】、【描边颜色】、【阴影】等，如图 6-38 所示。

图 6-38

第 9 步 完成设置后单击【保存】按钮，如图 6-39 所示。

图 6-39

第 10 步 弹出【保存】对话框，设置【保存路径】、【文件名与格式】、【画质调整】等参数，最后单击【保存】按钮，即可完成拼图效果的操作，如图 6-40 所示。

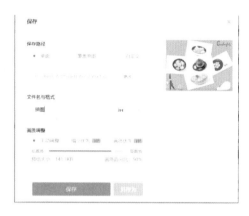

图 6-40

6.3.5 添加文字，进行说明

　　在美图秀秀中，用户可以根据需要为图片添加文字，既可以说明商品，同时也能起到修饰的作用。下面详细介绍其操作方法。

　　<< 扫码获取配套视频课程，本节视频课程播放时长约为 38 秒。

 操作步骤

第 1 步 进入美图秀秀的主界面，❶选择【文字】标签，❷单击【打开图片】按钮，打开准备进行编辑的图片，如图 6-41 所示。

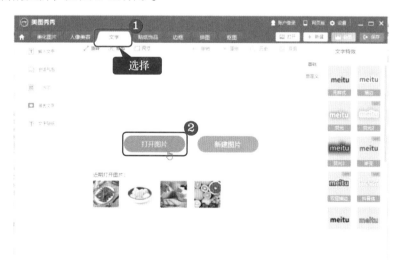

图 6-41

第 2 步 打开图片后，单击界面左侧功能栏的【输入文字】按钮，如图 6-42 所示。

图 6-42

第 3 步 弹出【文字编辑】对话框，❶在【文本框】中输入准备添加的文字内容，❷在下方设置【字体】、【样式】、【字号】、【颜色】等，❸单击【确定】按钮，如图 6-43 所示。

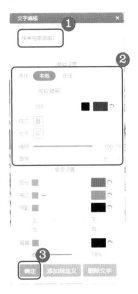

图 6-43

第 4 步 返回【文字编辑】界面，将文字移动到图片的空白处，并且选择"荧光"效果，即可完成添加文字的操作，如图 6-44 所示。

图 6-44

6.3.6 制作边框，点缀图片

在美图秀秀中，可以对商品图片进行添加边框处理，从而点缀图片，让商品图片更加符合用户的要求。下面详细介绍其操作方法。

<< 扫码获取配套视频课程，本节视频课程播放时长约为 38 秒。

第 1 步 进入美图秀秀的主界面，选择【边框】标签，然后打开准备进行编辑的图片，如图 6-45 所示。

图 6-45

第 2 步 打开图片后，单击界面左侧功能栏的【简单边框】按钮，如图 6-46 所示。

图 6-46

第 3 步 打开【边框】窗口，在右侧的边框样式中，选择准备制作的边框样式，如图 6-47 所示。

图 6-47

第 4 步 单击【应用当前效果】按钮，通过以上步骤即可完成制作边框的操作，效果如图 6-48 所示。

图 6-48

6.4 视频的制作流程

随着短视频领域的不断升温与巨大商业变现模式的明朗化，越来越多的个人或团队都争相进入短视频制作领域。那么要制作一个短视频作品，从前期准备到后期发布，需要经历一个怎样的流程呢？本节将从短视频制作的前期准备开始，详细介绍短视频制作团队的组建、短视频的策划、拍摄、剪辑与包装、发布等过程。

6.4.1 前期准备

在制作短视频之前，我们应根据拍摄目的、投入资金等实际情况准备好拍摄设备、三脚架、声音设备、摄影棚、灯光照明设备、视频剪辑软件和脚本等，如图 6-49 所示。

＜＜ 扫码获取配套视频课程，本节视频课程播放时长约为 17 秒。

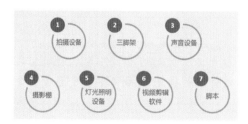

图 6-49

➢ 拍摄设备：常用的短视频拍摄设备有手机、单反相机、DV 摄像机及专业级摄像机。

➢ 三脚架：无论是视频拍摄的业余爱好者还是专业技术人员，在进行视频拍摄时都离不开三脚架。拍摄者可以使用三脚架稳定拍摄设备，从而改善视频画面，更好地完成拍摄任务。

➢ 声音设备：声音是制作初期短视频制作者经常忽视的问题，但随着创作的不断深入，其重要性不言而喻。除了拍摄设备自录音外，我们在拍摄时还应配备一些录音设备。

➢ 摄影棚：摄影棚的搭建是短视频前期拍摄准备中成本支出最高的一部分，它对于专业的短视频拍摄团队是必不可少的。要想搭建一个摄影棚，首先需要一个 30 平方米左右的工作室，因为过小的场地可能会导致拍摄距离不合理。

➢ 灯光照明设备：若在室内拍摄短视频，为了保证拍摄效果，需要配备必要的灯光照明设备。常用的灯具包括冷光灯、LED 灯、散光灯等。

➢ 视频剪辑软件：短视频制作者利用视频剪辑软件可以对加入的图片、背景音乐、特效、场景等素材与视频进行重新混合，对视频源进行切割或合并，通过二次编码生成具有不同表现力的新视频。

➢ 脚本：脚本是拍摄短视频的指导性文件，是短视频作品的灵魂，它为整个短视频的内容及观点奠定了基础。一个优秀的脚本可以让短视频具有更加丰富的内涵，引起观众的深度共鸣。在拍摄短视频的过程中，一切场地安排与情节设置等都要遵从脚本的设计，以避免出现与拍摄主题不符的情况。

6.4.2 组建制作团队

现在短视频制作已经从个人完成转变为团队作战，因为这样才更具专业性。相对于微电影创作，短视频的时长更短、内容更丰富。要想拍摄出火爆的短视频作品，制作团队的组建不容忽视。

<< 扫码获取配套视频课程，本节视频课程播放时长约为 33 秒。

那么，完成一个专业水平的短视频作品的制作到底需要哪些团队成员呢？一般情况下，需要有编导、摄像师、剪辑师、运营人员、演员等，如图 6-50 所示。

➢ 编导：在短视频制作团队中，编导是"最高指挥官"，相当于节目的导演，主要对短视频的主题风格、内容方向及短视频内容的策划和脚本负责，按照短视频定位及风格确定拍摄计划，协调各方面的人员，以保证工作进程。

➢ 摄像师：优秀的摄像师对短视频能否成功至关重要，因为短视频的表现力及意境都是通过镜头语言来表现的。

➢ 剪辑师：剪辑是声像素材的分解重组工作，也是对摄制素材的一次再创作。将素材变为作品的过程，实际上是一个精心的再创作过程。剪辑师是短视频后期制作中不可或缺的重要人员。

图 6-50

> 运营人员：在新媒体时代下，由于平台众多，传播渠道多元化，若没有一个优秀的运营人员，无论多么精彩的内容，恐怕都会淹没在茫茫的信息大潮中。虽然精彩的内容是短视频得以广泛传播的基本要求，但短视频的传播也离不开运营人员对短视频的网络推广。

> 演员：拍摄短视频所选的演员一般都是非专业的，在这种情况下，一定要根据短视频的主题慎重选择，演员和角色的定位要一致。不同类型的短视频对演员的要求是不同的。

6.4.3　短视频的策划

　　古人云："凡事预则立，不预则废。"对于短视频而言，策划是为了更深层次地诠释内容，将作品的中心思想表达得更清楚。因此，只有好的策划才能有好的作品。

<< 扫码获取配套视频课程，本节视频课程播放时长约为 35 秒。

　　策划短视频脚本的作用在于让一切参与视频拍摄、剪辑的人员，根据脚本大纲的指导进行，提升拍摄质量和效率。短视频的策划流程大致分为短视频的脚本策划与撰写，按照大纲安排素材，镜头流动、引导关注三个步骤。

1. 短视频的脚本策划与撰写

　　首先，运营者要学会在脚本与剧本中取舍。脚本与剧本是短视频策划中存在的两种截然不同的表现手法。脚本侧重于表现故事脉络的整体方向，相当于主线；剧本呈现的内容则更加详细，加入了更多细节因素，甚至包括短视频内容发生的时间、地点、人物动作、对话等细节。短视频最大的特点就是短，用很短的时间表现主题，既要保证主题鲜明又要做到内容精炼，所以在前期策划时通常会选择用脚本进行规划。

2. 按照大纲安排素材

　　创作者在撰写短视频大纲时要注意两点：一是大纲要呈现主题、故事情节、人物与题材等短视频要素；二是大纲要清晰地展现短视频所要传达的信息。其中，故事情节是短视频拍摄的主要部分，素材收集也要为情节服务，如需要的道具、人物造型、背景、风格、音乐等都需要视情节而定。

例如，拍摄科技数码类短视频时，一定要注意严格把控素材的时效性，这就需要创作者获得第一手的素材，快速进行处理与制作，然后进行传播。

3. 镜头流动、引导关注

短视频是由一段段镜头拼接成的完整视频，镜头是视听语言中"视"的部分，也是最基本的一部分。观众在观看短视频时所感受到的时间和节奏变化，都是由镜头流动产生的。短视频以镜头为基本的语言单位，而流动性就是镜头的主要特征之一。镜头流动除了表现在拍摄物体的运动上之外，还表现在摄像机的运动上，具体如图 6-51 所示。

镜头角度	镜头速度	镜头焦距	镜头切换
• 鸟瞰式 • 仰角式 • 水平式 • 倾斜式	• 让短视频更加有节奏感 • 特定情境使用不同的镜头速度	• 长焦镜头 • 短焦镜头 • 中焦镜头	• 把握视频节奏 • 选择视频中的转折部分作为前后的衔接点 • 考虑前后的逻辑性

图 6-51

6.4.4 短视频的拍摄

随着 5G 技术的普及，短视频越来越流行。普通民众可以制作自己的短视频录制生活，短视频更容易表达内容，实现宣传推广的目的。

<< 扫码获取配套视频课程，本节视频课程播放时长约为 30 秒。

短短几十秒的视频看似简单，但实际上会用到各种影视技术。短视频的拍摄主要包括镜头语言、使用定场镜头、使用空镜头、使用分镜头、镜头移动拍摄、使用灯光等几个部分，如图 6-52 所示。

图 6-52

1. 镜头语言

短视频创作者需要了解的镜头语言主要包括景别、摄像机的运动及短视频的画面处理方法，下面将详细介绍。

1）景别

根据景距与视角的不同，景别一般分为以下几类：极远景、远景、大全景、全景、小全景、中景、半身景、近景、特写和大特写。

2）摄像机的运动

摄像机的运动一般包括以下几种类型：推、拉、摇、移、跟、升、降、俯、仰、甩、悬、空、切、综、短、长、变焦拍摄、主观拍摄。

3）短视频的画面处理方法

短视频的画面处理方法主要包括以下几种：淡入、淡出、化、叠、划、入画、出画、定格、倒正画面、翻转画面、起幅、落幅、闪回、蒙太奇和剪辑。

2. 使用定场镜头

定场镜头是短视频，或一场戏的开头，用来交代故事发生的时间和地点的镜头。定场镜头可以交代故事的社会背景，为短视频奠定节奏，营造短视频的气氛和感情基调。

定场镜头是拍摄短视频的核心镜头之一，用于告知观众在哪里或什么时候下一个场景将会发生。定场镜头的拍摄手法包括常规拍摄、结合情节、建立地理概念、确定时间。

3. 使用空镜头

空镜头主要分为两类：一类为以景为主、物为陪衬，如群山、山村全景、田野、天空等，使用这类镜头转场既可以展示不同的地理环境、景物风貌，又能表现时间和季节的变化；另一类为以物为主、景为陪衬，如在镜头前飞驰而过的火车、街道上的汽车，以及室内陈设、建筑雕塑等各种静物。空镜头的运用已经成为短视频创作者将抒情手法与叙事手法相结合，增强艺术表现力的重要手段。

4. 使用分镜头

分镜头可以简单地理解成短视频的一小段镜头，电影就是由若干个分镜头剪辑而成的。分镜头是一个很关键的概念，它的作用是使人们能够从不同视角、不同方面了解画面所要表达的主题。多使用分镜头，可以让观众更全面、快速地了解被拍摄对象，更有兴趣观看下去。

例如，拍摄旅行短视频，用第一个分镜头告诉大家"这是哪里"，可以拍一段展示周边环境和建筑全貌的画面；再拍一段分镜头，告诉大家"拍的是什么"，可以拍一段展现人物全身或物体局部的画面；最后用一个分镜头告诉大家"拍摄的主体在这里做什么"，可以拍摄人物的动作或行为等。

5. 镜头移动拍摄

动静结合的拍摄，即"动态画面静着拍，静态画面动着拍"。

在拍摄动态画面时，镜头最好保持静止。动态画面是指拍摄的画面本身在动，如冒热气的咖啡、路上的行人、翻涌的浪花、不停变化的灯光等。这类画面由于被拍摄者本身在动，若拍摄的镜头也有大幅度移动，会让整个画面显得混乱，找不到拍摄的主体。因此，当拍摄完一个画面后，可尝试换一个角度，同样不要动，完成下一个分镜头的拍摄。

与动态画面相比，若在拍摄静态画面时镜头也静止不动，就会显得有些单调。因此，在拍摄静态画面时，镜头可以适当地缓缓移动，但不要让拍摄的物体移动到画面边缘或画面外。在移动镜头时，可以从上到下移动，也可以从左到右移动，尽量平行、平稳地进行移动，要让拍摄的画面保持稳定。

6. 使用灯光

在室内拍摄短视频需要使用灯光，这时要注意光度、光位、光质、光型、光比、光色等要素，如图 6-53 所示。

图 6-53

1）光度

光度是指光源的发光强度和光线在物体表面的照度，以及物体表面呈现的亮度的总称。光源的发光强度和照射距离影响照度，照度的大小和物体表面的色泽影响亮度。

2）光位

光位是指光源相对于被拍摄物体的位置，即光线的方向与角度。同一对象在不同的光位下会产生不同的明暗造型效果。

3）光质

光质是指光线聚、散、软、硬的性质。光质聚光的特点是光来自一个明显的方向，产生的阴影明晰而浓重；散光的特点是光来自若干个方向，产生的阴影柔和而不明晰；光的软硬程度取决于若干因素，狭窄的光束比宽广的光束通常要硬一些。

4）光型

光型是根据各种光线在拍摄短视频时所起的作用不同划分的，分为主光、轴光、修饰光、轮廓光、背景光和模拟光。

5）光比

光比是指被拍摄物体主要部位的亮部与暗部的受光量差别，通常指主光与辅光的差别。光比大，反差就大，有利于表现"硬"的效果；光比小，则有利于表现"柔"的效果。

6）光色

光色是指光的颜色或色光成分，也就是我们常说的色温，光色决定光的冷暖效果，可以激发许多情感上的联想。

6.4.5　短视频的剪辑与包装

在对短视频进行剪辑与包装的过程中，需要注意合理利用与整合素材、视频剪辑突出核心和重点、背景音乐与视频画面相呼应、镜头的剪辑、尽量少用转场特效、片头和片尾体现变化等方面。

＜＜扫码获取配套视频课程，本节视频课程播放时长约为18秒。

1. 合理利用与整合素材

在短视频制作领域，素材的积累与整合非常重要，合理地利用已有资源可以大大提高工作效率。短视频的后期制作需要添加音乐素材、模板素材及滤镜素材等，在使用这些素材时不要忽视版权方面的问题。

2. 视频剪辑突出核心和重点

视频剪辑是为短视频赋予第二次生命的过程。在剪辑过程中，剪辑师会将个人对于整个短视频故事情节的理解投入其中，这就意味着最后的成片突出的核心和重点都是由不同的剪辑手法决定的，所以剪辑师必须对短视频要表达的主题有足够的理解，这样才能让视频剪辑突出核心和重点。

3. 背景音乐与视频画面相呼应

短视频的背景音乐除了要配合画面内容的发展之外，也是短视频内容的重要表现形式。在选择背景音乐时，要注意音乐的节奏感、音乐类型、音乐歌词是否与内容表达一致等。

4. 镜头的剪辑

镜头的剪辑主要包括分剪、挖剪、拼剪及变格剪辑。

5. 尽量少用转场特效

短视频的转场特效应该用在前后镜头的切换画面，色彩相差过大或者故事发生重大改变时，起到一种过渡的作用，在使用时应尽量与短视频内容相贴合，做到浑然一体。滥用或错用转场特效容易打断观众的视觉思维，扰乱故事的节奏。

6. 片头和片尾体现变化

片头和片尾是短视频中承上启下的桥梁和纽带。片头是短视频开场的序幕，片尾是短视频结束的跋幕。

6.4.6　短视频的发布

　　短视频在制作完成之后，就要进行发布。在发布阶段，要做的工作主要包括选择合适的发布渠道、渠道短视频数据监控和渠道发布优化。

　　＜＜ 扫码获取配套视频课程，本节视频课程播放时长约为 19 秒。

短视频的发布阶段要做的事情，如图 6-54 所示。

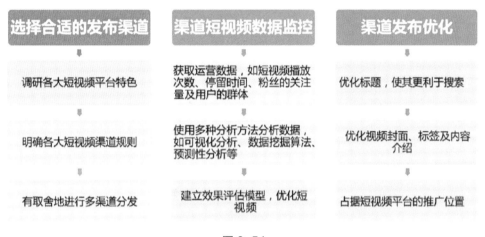

图 6-54

6.5　上传、发布视频和音频

　　微信公众号不但可以向微信用户推送图文消息，也可以推送视频和音频。在微信公众号文章中，插入视频和音频不仅丰富了文章内容，读者在阅读时，还可以获得较好的阅读体验。本节将详细介绍上传和发布视频和音频的相关知识及操作方法。

6.5.1　公众号的视频处理

　　微信公众号的后台提供了两种方式进行视频上传，一种是上传本地视频，也就是将我们电脑中的视频进行上传；一种是直接提供视频链接，也就是视频播放地址，一般是腾讯视频链接地址。

　　＜＜ 扫码获取配套视频课程，本节视频课程播放时长约为 1 分 43 秒。

▼ 操作步骤 ···•

第1步 进入微信公众号的【图文编辑】界面，定位好插入视频的位置后，选择界面上方的【视频】标签，如图6-55所示。

图 6-55

第2步 弹出【选择视频】对话框，在这里可以看到有两种选择视频的方式。❶切换到【素材库】选项卡后，❷用户可以直接选择素材库中已有的视频进行发布，也可以单击右上角的【本地上传】按钮，上传本地的视频文件，具体的上传方法在前文有详细介绍，❸单击【确定】按钮，如图6-56所示。

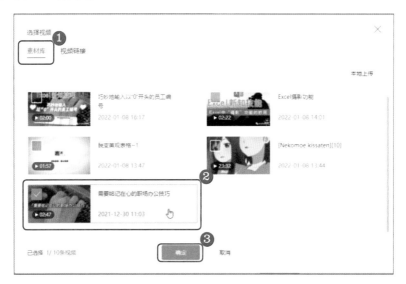

图 6-56

第3步 返回【图文编辑】界面，可以看到已经将选择的视频添加到文章中，单击界面下方的【群发】→【发布】按钮，如图6-57所示。

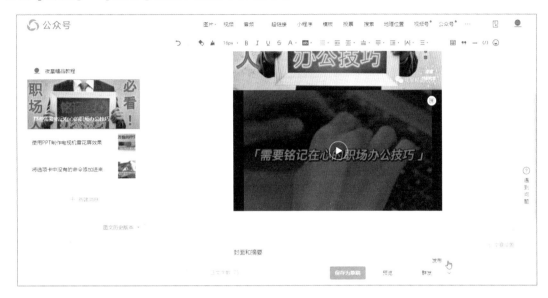

图 6-57

第4步 弹出【发布确认】对话框，单击【发布】按钮，如图6-58所示。

第5步 弹出【微信验证】对话框，运营者使用手机扫码，确认后即可完成发布，如图6-59所示。

图 6-58

图 6-59

第6步 在第2步的【选择视频】对话框中，如果切换到【视频链接】选项卡，运营者首先需要获取视频地址。这里使用浏览器找到腾讯视频中的一个视频页面，然后在地址栏中复制其中的网址，如图6-60所示。

图6-60

第7步 在【视频/图文网址】文本框中粘贴刚刚复制的网址，然后单击【确定】按钮，可以看到选择的视频已经显示在其中，最后单击【确定】按钮，如图6-61所示。

图6-61

第8步 返回【图文编辑】界面，可以看到选择的视频已经添加到文章中，单击下方的【群发】→【发布】按钮，即可进行发布，如图6-62所示。

图 6-62

6.5.2　公众号的音频处理

　　微信公众号后台可以上传电脑中的音频和音乐，音乐来自QQ音乐，直接搜索歌名或歌手即可。下面详细介绍其相关的操作方法。

　　<< 扫码获取配套视频课程，本节视频课程播放时长约为 1 分 30 秒。

 操作步骤 ......●

第 1 步　进入微信公众号的【图文编辑】界面，定位好插入视频的位置后，选择界面上方的【音频】标签，如图 6-63 所示。

图 6-63

第2步 弹出【选择音频】对话框，此时，看到有两种选择音频的方式。切换到【素材库】选项卡，可以直接选择素材库中已有的音频进行发布，也可以单击右上角的【上传音频】按钮，上传本地的视频文件，具体的上传方法前文有详细的介绍，最后单击【确定】按钮，如图6-64所示。

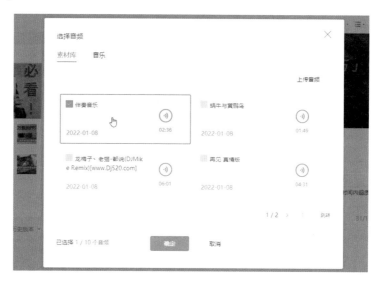

图6-64

第3步 返回【图文编辑】界面，可以看到已经将选择的音频添加到文章中，单击界面下方的【群发】→【发布】按钮，即可进行发布，如图6-65所示。

图6-65

第 4 步 进入【选择音频】界面，切换到【音乐】选项卡，在搜索文本框中输入准备添加的音乐关键词，然后单击【确定】按钮，如图 6-66 所示。

图 6-66

第 5 步 进入【搜索结果】页面，可以看到全部的搜索结果，选择准备使用的音乐，然后单击【确定】按钮，如图 6-67 所示。

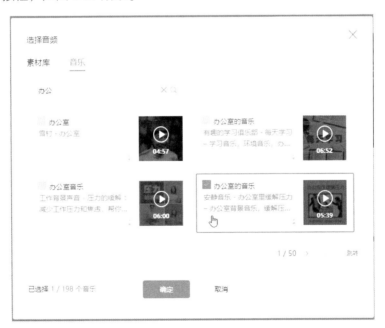

图 6-67

第 6 步 返回【图文编辑】界面，可以看到已经将选择的音乐添加到文章中，单击界面下方的【群发】→【发布】按钮，即可进行发布，如图 6-68 所示。

图 6-68

如果要使用的音频格式不是微信公众号平台要求的格式，那么就需要对格式进行转换，可以使用前文介绍的格式工厂转换音频格式，如图 6-69 所示。

图 6-69

第7章

微信公众号的推广与运营

微信公众号作为一种重要的营销方式,受到了众多企业和自媒体人士的高度关注。其实,很多做微信营销的人并不知道自己运营的方向在哪里,也不知道究竟如何去做好企业的微信公众号。尤其是对众多企业来说,微信公众号如何运营与推广,已经成为如今企业发展必须了解的问题。本章主要介绍微信公众号推广与运营的相关知识。

7.1 公众号引流与吸粉

吸引粉丝是一个漫长的过程，前期内容的积累很重要。与传统的"寻找"粉丝不同，互联网时代更多的是"吸引"粉丝，随着微信用户的崛起，微信营销顺势而生，成为营销新星。海量的用户在商家眼中就是海量的市场，尤其目前就微信公众号平台而言，还不会使商家产生很大的成本。本节将详细介绍公众号引流与吸粉的相关知识。

7.1.1 使用 QQ 推广

人们每购买一款新的智能手机都会下载 QQ 软件。上至退休老人、下至小学生，都会借助 QQ 来沟通交流。QQ 已经成为人们必不可少的一部分。作为运营者而言，又怎能错过这么好的推广平台呢？本节将详细介绍使用 QQ 推广的相关知识。

＜＜扫码获取配套视频课程，本节视频课程播放时长约为 1 分 21 秒。

企业通过结合自身的行业属性，在 QQ 群中进行关键词检索，能找到精准属性的潜在用户群。同时 QQ 账号与微信的打通，大大提高了用户转化的便捷度。通过 QQ 邮件、好友邀请等方式都能批量实现 QQ 用户的导入。

目前腾讯的 QQ 群总数已经超过 500 万个，QQ 群上的流量是非常大的。企业如果能找到与企业相关的 QQ 群并完成转化，让目标群体成为自己微信账号的粉丝，那么对营销来说将是一件非常完美的事情。

QQ 群推广方法，说得通俗点就是做广告，把自己的产品、技术、服务等通过媒体广告的形式让更多的人和组织机构了解、接受，从而达到宣传、普及的目的。想要用 QQ 进行推广，那就需要去添加 QQ 群。在加 QQ 群之前首先要明确要推广的产品和服务是什么，它的目标客户是哪些阶层，然后选择要申请加入的群账号，建议最好是每天坚持加两个，账号越多越好。

7.1.2 巧用附近的人

"附近的人"是微信上用于结识周围用户的一个应用。使用了这个应用后，不仅可以查找到附近的人，还可以被附近同时间使用这个应用的用户看到。因此，运营者只要打开这个应用，就能更好地开展宣传、吸粉工作。

＜＜扫码获取配套视频课程，本节视频课程播放时长约为 1 分 16 秒。

1. 个人微商使用"附近的人"

登录微信后，在"发现"菜单里点击"附近的人"，系统就会根据手机所在的位置进行定位，之后就可以看到附近的人，如图 7-1 所示。同时，运营者的微信号也会出现在附近的人的手机里，被其他用户看到。

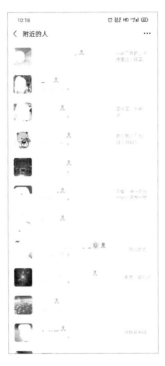

图 7-1

在"附近的人"应用列表中的人大多是生活在运营者周边的人，若购买产品，可以提供送货上门的服务，是非常便捷快速的。如果运营者所销售的产品是保健品，可以在医院、疗养院附近，通过查找附近的人找到特定人群，这样的效果比坐在家中等用户关注平台要好一些。

"附近的人"也是有一定的操作规范的，如果操作不慎很有可能遭到举报，从而被封号。对于运营者来说，将微信上的账号名字、个性签名、头像等信息与微信公众号平台上的信息统一是非常有利于宣传的，即使不主动添加用户，也会有用户在使用该功能时看到宣传信息。但这种方式最容易遭到恶意举报，可以说利弊各半，就看运营者怎样来运营了。最好的办法是通过打招呼与用户成为朋友，然后借助住在同一社区的便利，成为现实中的朋友。当用户成为现实中的朋友后，就会主动关注运营者的微信公众号平台，而且也会愿意消费。

2. 企业、商家使用"附近的人"

微信公众号平台上的商家，有不少在线下有实体店。对于这类商家，可以在微信公众号平台申请商户的门店，经过审核后添加卡券。当用户搜索"附近的人"时，该商家的信息就会以商户的形式出现在搜索列表中。该商家就在用户的附近，他们会很容易因看到广告而到实体店消费。

想要开通该功能，可以在登录微信公众号平台后，在左侧的【设置与开发】功能栏下，单击【新的功能】按钮，然后单击【卡券】右侧的【去开通】按钮，如图7-2所示。申请时需要微信公众号平台的审核，审核通过后，就能享受到"附近的人"顶部广告位。

图 7-2

"附近的人"应用是粉丝转化率极高的一个工具，虽然需要付出一定的时间，但是付出是可以收获丰厚的回报的。很多时候，平台并不缺少粉丝，但营销效果并不理想，这主要是因为运营者与粉丝之间并没有建立最基本的情感交流。这个应用最大的优势就是虽然不会增加太多的粉丝，但是会与用户建立朋友间的信任关系。因此，运营者与其将精力放在陌生的粉丝身上，不如放到维护朋友关系上。

7.1.3 朋友圈吸粉

微信公众号平台营销要想成功，重要的就是分享。分享到哪里？自然是朋友圈。如果没有朋友圈，微信公众号平台就缺少了重要的宣传窗口。随着微信用户越来越多，微信公众号也越来越多，随便打开一个朋友圈，总能看到来自不同微信公众号的信息。在众多信息中，只要有人能够点开查看，都是为公众号做了最好的宣传。本节将详细介绍朋友圈吸粉的相关知识。

<< 扫码获取配套视频课程，本节视频课程播放时长约为2分23秒。

大多数用手机上网的用户，都习惯在闲暇时拿出手机刷朋友圈。正是因为朋友圈聚集了大量的人气，才使朋友圈变成了一个宣传基地。因此，如今的朋友圈成了电商销售的新平台。

那么作为微信公众号，在朋友圈应怎么吸粉呢？

1. 把微信公众号分享到朋友圈

每一个朋友圈都是一个圈子，每个圈子背后又有着许许多多的圈子。如果一个好内容能被朋友、朋友的朋友分享，那么这个内容背后的微信公众号就会被很多圈子的人所熟知。因此，想要让微信公众号在朋友圈里有一个良好的传播，首先要把这些内容分享出去，增加曝光率。只有让更多的用户看到，他们才有机会转发，才能够吸引更多的粉丝关注企业公众号。

例如，在微信朋友圈里有一位用户，他用自己的账号分享了公司微信公众号上的内容。该内容的标题是"新的一年，也许你会因为其中某一段话而变得不同……营销读物强烈推荐！【向营销人推荐的 9 本书】"。在朋友圈内，许多做销售、电商的好友看到这样的帖子之后，一般会点击查看、分享、收藏等，无论哪一种，都能增加曝光率。当有一位朋友分享时，这个内容又会被另一个圈子的用户看到，然后又会继续传播下去。

2. 建立良好关系，朋友才愿意帮助转发

在普通用户的朋友圈里，大多数是认识的朋友。当他们需要推广某个内容时，完全可以通过私信得到朋友的帮助。但要想利用朋友圈来吸粉，就需要添加大量不认识的人。想让这些人分享平台上的内容，那是很困难的。因此，必须要让陌生的好友对运营者的微信号印象深刻。这时，运营者可以主动点赞、评论朋友圈内的动态，让这个微信号给他人留下好印象。甚至还可以主动打个招呼、发送一些节日的问候、让人容易记住的话等，这些都能让人印象深刻。

有了一定的"名气"积累后，就可以着重分享微信公众号上的内容了。为了让更多的用户关注企业的平台，运营者所写公众号的内容必须跟用户有关系。只有这样他们才会愿意将内容分享到自己的朋友圈，才能吸引更多的粉丝。例如，"【博大书画 | 知识百科】为什么要贴春联？""一定要学会的几件事。""霸道微商的 7 种绝技，一般人学不会？"等内容。用户看到这些内容时，很多会点击查看微信公众号的历史消息，如果微信公众号上的内容能够让他们满意，就会关注公众号。

3. 分享推送小技巧

微信公众号每天推送的内容不多，所以在次数上并不会对好友造成困扰。但如果在某一时间连续分享好几条信息，也是会对好友们造成困扰的。另外，即使这几条信息在不同时间分享，如果不是最佳时间，那么也不会起到良好的效果。

分享内容时，最佳时间在晚上 8：00—12：00，在这个时间段，大多数人已经吃过晚饭，正是随时可以静下心来刷朋友圈的时候。

如果平台上有消息公布，或有案例与故事，那么一定要及时分享，争取在第一时间借力好友，形成营销裂变。

每天发布的消息应控制在 5 条左右。如果当天推送的内容不够，可以发一两篇与生活有

关的内容，例如，"今天逛了一天的街，回到家就累趴了。"这样的内容，也能拉近好友与运营者之间的距离。

7.1.4 互推吸粉

互推吸粉，通俗一点说就是互换流量，这也是一种非常常见的引流方式，但是并不是所有的公众号都可以互推，最好选择和自己领域相关的公众号来互换流量。

<< 扫码获取配套视频课程，本节视频课程播放时长约为 45 秒。

常见的互推方法有以下三种。

1. 全文互推

推送的文章全文都在说对方的公众号，特别要注意的是，为了避免严重影响用户的体验感，在标题中就要说明这是互推公众号的文章。

2. 文末互推

文末互推方式类似于广告位，也是应用最广的一种互推手段。

3. 关注后互推

利于微信关注自动回复功能或者关键词回复功能进行互推。

7.1.5 活动吸粉

微信活动是营销吸粉的一个好方法，例如热点、节日等。那么，如何搞好一个活动，搞活动时又需要注意哪些事项？下面将详细介绍活动吸粉的相关知识。

<< 扫码获取配套视频课程，本节视频课程播放时长约为 1 分 06 秒。

1. 活动的门槛要低

高门槛会丢失大部门潜在客户，会让人觉得此次活动的参与成本太高而放弃参加。

2. 中奖率要高

高中奖率会激发活动参与者主动分享活动链接，也会激发他们再继续玩的兴趣。

3. 文案吸引人

结合时事热点，文案可煽情、可暖心、可恶搞、可无厘头，但就是要够吸引人。

4. 活动要有趣

没有趣味性的活动会让参与者觉得无聊，不愿参加。

5. 发放奖品要及时

不要因为公司人手不够而不及时发放奖品，这会让参与者误以为是虚假活动而做出举报或投诉等行为。

6. 做好活动内部测试

在活动未正式发布前一定要做好内部测试，发布有问题的活动会大大降低参与者对该公众号的好感。

7.2 公众号搜索排名的优化

微信公众号不仅是微信中搜索概率较大的流量入口之一，还是一个重要的分享和引流入口。因此，运营者要做好公众号的排名优化工作，通过搜索的优化，全面占领流量。本小节将详细介绍公众号搜索排名优化的相关知识。

7.2.1 搜索入口

因为有了分享的入口和粉丝入口，公众号的搜索入口才会更大。在移动互联网中，微信运营者要想通过优化入口的方式提高搜索排名，首先需要了解微信搜索入口。

<< 扫码获取配套视频课程，本节视频课程播放时长约为 20 秒。

微信搜索入口目前有 7 个，如图 7-3 所示。

图 7-3

7.2.2 命名优化

运营者要学会举一反三，熟练运用取名的方法。如果运营者将公众号文章的标题名称取好了，在其他平台上发表公众号文章时，可以采用已有的文章标题。下面以公众号搜索关键词为入口，分析介绍获取公众号名称和公众号文章标题的方法。

<< 扫码获取配套视频课程，本节视频课程播放时长约为 1 分 05 秒。

1. 获取公众号名称

用户搜索公众号，主要是使用关键词搜索，因此，公众号的名称要在直观上给用户一种能够满足其需求的感觉。那么，运营者要如何取一个在直观感受上就能够吸引用户眼球的名称呢？下面从体现领域特征、满足用户需求和恰当的组合三个方面分析介绍。

- ➤ 体现领域特征：选出公众号内容涉及的类别中最关键、最具特征的词语，如摄影方面的关键词有摄影、构图、手机、拍照、日记、旅游等。
- ➤ 满足用户需求：分析出能够满足公众号受众用户需求的词语，如技巧全面性的关键词有大全、一本通、攻略、技巧、方法、玩转等。
- ➤ 恰当的组合：根据公众号的特点、受众、定位等多方面综合考虑，组建几个最适合主题且无人注册的名称，从关键词匹配角度考虑挑选出最好的。

2. 获取公众号文章标题

公众号文章要想吸引读者，标题最重要，用户是直接搜索关键词，可见标题中最重要的是关键词。下面从标题的关键词热度、关键词个数和关键词主题三个方面分析介绍。

- ➤ 关键词热度：运营者在标题上嵌入时下发生的热点或出现频率高且流量高的关键词，如摄影方面的词有太美、独特等。
- ➤ 关键词个数：关键词的个数根据文章主题来定，如以摄影为主题的文章标题，就要嵌入 2 ~ 3 个与摄影相关的关键词。
- ➤ 关键词主题：关键词主题就是公众号主题或公众号能够延伸的主题，如摄影的关键词主题有构图、技巧、大师、高手等。

7.2.3 建立品牌形象

品牌商家在销售产品时总是强调要建立品牌形象，扩大品牌影响力，大多数普通商家也强调要建立品牌形象，可见，建立品牌形象对商家销售的重要性。一个好的品牌或口碑优秀的品牌，用户都愿意主动去搜索其产品。因此，品牌形象也可以作为商家的流量入口。

<< 扫码获取配套视频课程，本节视频课程播放时长约为 56 秒。

运营微信公众号也一样，建立自己的品牌形象有利于增加粉丝数量和增强粉丝黏性，那么运营者如何建立品牌形象呢？下面详细介绍。

➢ 公众号名称：公众号名称越好记、有趣，越能让用户加深印象。

➢ 微信号字数：突出微信公众号的微信号，建议字数不超过 7 位。

➢ 内容分享：内容的质量最重要，要形成良好的口碑，促使用户转发。

7.2.4 增强粉丝黏性

 增强粉丝黏性就是获取更多活跃粉丝的支持和促进粉丝推荐，获取粉丝经济。粉丝黏性越大，流量入口就越大。下面介绍增强粉丝黏性的方法。

　　　　《《 扫码获取配套视频课程，本节视频课程播放时长约为 1 分 04 秒。

1. 用活动活跃氛围

在公众号的运营中，举办活动是最能增强用户黏性的方法，也是最直接的推广引流的技巧。图 7-4 所示为"辽宁联通"微信公众号举办的与粉丝互动的活动。

图 7-4

2. 用朋友圈汇集铁粉

对公众号来说，铁杆粉丝的行为具有积极的作用，就像对娱乐明星来说，不论是出专辑、拍写真、开演唱会、公映电影，铁杆粉丝都会支持。因此，运营者要增强粉丝黏性可以将已有的粉丝通过公众号的粉丝群汇集起来，用交流打造铁粉。

3. 创造话题引领分享

在当今信息化飞速发展的时代，无话题不营销，话题就是一个搜索入口、一个流量入口，即使有身份、有地位的大企业家也不免被用来博眼球、炒话题。

7.3　二维码和表单工具

二维码的使用已经不再局限于微信平台，越来越多的微信平台开始使用二维码作为互联的渠道。运营者有时还需要在公众号内向用户征集一些信息，进行一些问卷调查，此时，就要学会利用二维码和表单工具来完成工作。

7.3.1　草料二维码生成器

传统单一的黑白方块二维码，美观性往往不足，平台生成的二维码缺乏个性。下面将详细介绍具有二维码生成和美化服务的平台。

<< 扫码获取配套视频课程，本节视频课程播放时长约为39秒。

通过"草料二维码"这个网站，不论是链接、文字、图片，还是文件，都可以生成二维码。输入相应的内容后，单击【生成二维码】按钮，就可以在页面右侧生成一张二维码图，如图 7-5 所示。

图 7-5

单击生成的二维码下方的【下载其他格式】按钮，可以下载各种尺寸及格式的二维码，也可以单击【二维码美化】按钮对生成的二维码进行美化，如图 7-6 所示。

图 7-6

"草料二维码"同时支持生成活码。活码理论上是一个网址，网址里面的内容可以随时变化，可以放置包括图片、视频、音频等多媒体内容。活码不会随着内容的变化而变化。相比较而言，活码的内容具有更大的可扩展性，灵活性也更强。

7.3.2 公众号表单工具

表单工具有很多，这里主要详细介绍"问卷星"表单工具。运营者可以在 PC 端和手机小程序使用这款表单工具，该工具操作简单便捷，而且功能丰富。下面以手机端的问卷星为例来详细介绍如何创建表单。

＜＜扫码获取配套视频课程，本节视频课程播放时长约为 2 分 59 秒。

▼ 操作步骤 .... •

第1步 在微信上搜索添加"问卷星"小程序，如图 7-7 所示。

第2步 进入该小程序界面，登录问卷星，如图 7-8 所示。

图 7-7

图 7-8

第3步 进入【我的问卷】界面，点击【创建新问卷】按钮，如图 7-9 所示。

第4步 进入【选择创建类型】界面，可以看到系统提供了 4 种问卷类型，这里点击【表单】按钮，如图 7-10 所示。

图 7-9

图 7-10

第5步 进入【创建表单】界面，显示很多表单的样式模板，运营者可以直接挑选合适的模板套用，也可以点击【从空白创建】按钮，创建全新的表单，如图 7-11 所示。

图 7-11

第7步 进入【编辑表单】界面，点击【添加题目】按钮，如图 7-13 所示。

图 7-13

第6步 进入【创建空白表单】界面，在【表单名称】文本框中输入名称，点击【创建表单】按钮，如图 7-12 所示。

图 7-12

第8步 进入【编辑表单】界面，会出现许多题目类型，一般表单都需要收集填写人的姓名、性别、手机等信息，如图 7-14 所示。

图 7-14

第9步　点击【姓名】按钮后，会出现该题目的设置内容，可以修改标题和文本验证的方法，以及选择是否为必须回答的，设置完成后，点击【确认】按钮，如图 7-15 所示。

图 7-15

第11步　全部内容设置完成后，点击界面下方的【提交】按钮，即可预览表单的内容，如图 7-17 所示。

图 7-17

第10步　设置完成后，该题目就会被添加到问卷上，同理可以设置表单的其余内容，如图 7-16 所示。

图 7-16

第12步　确认无误后，返回【编辑表单】界面，并点击界面下方的【保存】按钮，然后在弹出的对话框内点击【发布表单】按钮，即可发布成功，如图 7-18 所示。

图 7-18

第13步 发布表单之后，运营者需要将表单分享出去，所以点击图 7-18 的【分享表单】按钮。分享表单有三种途径，如图 7-19 所示。

图 7-19

第15步 如果运营者想要查看表单的答题情况，需要至少有 1 人回答问卷。点击目标问卷，然后点击弹出页面内的【结果】按钮，可以查看回答问卷的统计结果和详细数据，如图 7-21 所示。

第14步 如果表单发布后需要添加新的问题或者修改题目，则需要再次进入问卷星小程序。点击该表单，然后在弹出的页面中点击【编辑】按钮，即可进入表单的编辑页面，修改表单内容不会影响问卷链接，但是运营者重新编辑问卷时，会停止收集答卷，需要在修改完成后再次发布，如图 7-20 所示。

图 7-20

第16步 选择【详细数据】之后，点击右上角的 3 个点图标，在弹出的界面中点击【下载详细结果】即可下载。将表单的结果下载下来后，用户可以通过文件传输助手发送到计算机版微信上。这里下载的数据会以 Excel 文件形式导出，方便整理，如图 7-22 所示。

图 7-21

图 7-22

7.4　手机端运营工具

作为一个微信公众号运营者，工作中使用频率比较高的就是计算机了，但是计算机又不能随时随地都在身边。这时，我们就可以通过手机来进行一些简单的操作，如发送推文、回复留言、查看后台数据等。本节将详细介绍手机端运营工具的相关知识。

7.4.1　公众平台安全助手 / 订阅号助手

公众平台安全助手 / 订阅号助手，可以提供微信公众号登录和群发等安全操作，可在手机上查收消息、评论、赞赏、新建群发和查看群发历史等。

＜＜扫码获取配套视频课程，本节视频课程播放时长约为 35 秒。

运营者可以直接在微信上关注"公众平台安全助手"微信公众号，也可以从手机商店中下载"订阅号助手"App，如图 7-23 所示。

图 7-23

这两款都是官方出品的微信公众号运营工具，在"公众平台安全助手"上，通过点击菜单栏中的【绑定查询】选项，运营者可以查到手机号、身份证号和微信号绑定了哪些账号，如图 7-24 所示。

如果运营者需要解除对该公众号的绑定，可以点击目标账号，然后在弹出的页面中点击【解除绑定】按钮，如图 7-25 所示。

图 7-24

图 7-25

7.4.2 新建素材 / 编辑素材

前文介绍的两款工具的功能有很多重叠，但是"订阅号助手"App 的功能更为丰富。下面将以"订阅号助手"为例，详细介绍新建素材 / 编辑素材的相关方法。

<< 扫码获取配套视频课程，本节视频课程播放时长约为 1 分 08 秒。

 操作步骤

第 1 步 打开"订阅号助手"App，登录微信后，在【发表】栏中，点击【文章】按钮，可以新建图文，如图 7-26 所示。

第 2 步 进入【图文编辑】界面，输入标题和文字内容，运营者还可以点击【图片】按钮，插入文章配图，如图 7-27 所示。

图 7-26

第3步 图文消息编辑完成后，点击【下一步】按钮，如图 7-28 所示。

图 7-27

第4步 点击【轻触添加封面】按钮，添加封面，如图 7-29 所示。

图 7-28

第5步 在此界面中运营者还可以设置摘要、作者，同时可以设置是否声明原创，设置完成后可以点击【发表】按钮，将文章推送出去，如图 7-30 所示。

图 7-29

第6步 运营者还可以点击【预览】按钮，在弹出的对话框中选择【发送到微信聊天预览】或【通过订阅号图文消息预览】。这里建议选择【通过订阅号图文消息预览】，这样看到的预览状态和计算机端的预览状态是一样的，如图 7-31 所示。

图 7-30　　　　　　　　　　　图 7-31

查看公众号统计数据

使用"订阅号助手"App，即使运营者身边没有计算机，也能通过手机查看到公众号详细的统计数据。

<< 扫码获取配套视频课程，本节视频课程播放时长约为 12 秒

在 App 主页的【我】中点击【数据统计】链接，即可查看用户统计、群发数据、视频数据等相关的详细数据，如图 7-32 所示。

图 7-32

7.4.4 切换公众号账号

如果运营者的微信同时运营多个微信公众号，那么在使用微信登录"订阅号助手"App后，可以进行切换公众号账号的操作。下面详细介绍其操作方法。

<< 扫码获取配套视频课程，本节视频课程播放时长约为23秒。

操作步骤

第1步 打开"订阅号助手"App，登录微信后，点击【我】，然后点击【设置】按钮，如图7-33所示。

第2步 进入【设置】界面，点击【切换账号】按钮，如图7-34所示。

图 7-33

图 7-34

第3步 进入【切换账号】界面，选择需要切换的账号，如图7-35所示。

第4步 这样即可切换到所选择的公众号账号，如图7-36所示。

图 7-35

图 7-36

7.5 常见的推广和运营经验

本节将与读者分享微信公众号常用的推广和运营的经验方法，主要有利用百度知道推广、利用百度百科推广、利用视频水印方式推广、利用整理资料推广等相关经验。

7.5.1 利用百度知道推广

百度知道自 2005 年发布以来，一直在网络推广中占有重要地位，是百度主打产品之一。只要你在百度里面搜索"如何""怎么""为什么""怎样"等关键词，就可以看到百度知道是排在第一名的，而这些关键词恰恰是人们经常搜索的。

<< 扫码获取配套视频课程，本节视频课程播放时长约为 23 秒。

图 7-37 所示为百度知道首页。

图 7-37

下面详细介绍几个百度知道的推广技巧。

1. 百度知道主账号的培养与积累

大家肯定清楚，高等级账号相对低等级账号有许多特权，比如回答加链接、推荐率更高、网友更信任及百度知道会发福利等。

那么我们一般如何提升百度知道账号等级呢，有以下几个步骤，供大家参考。

1）确定主推账号

主账号有两个就行了，一个是第三方角色，一个是官方身份。

2）回答练级

找准自己擅长及推广的区域，做一些高质量的回答，争取被采纳，每天坚持回答两条，相信不久，等级会涨得很快。

3）偶尔作弊

一般有两种方法，一种是每次用其他账号回答问题时，都互赞一下，养成习惯。还有一种就是加入百度知道的互刷群，通过短时间的互刷（提问—回答—采纳）来提升自己账号的等级。

2. 百度地图的妙用与滥用

说到百度地图，如果你的公司现在还没有开通百度地图，建议你向公司领导反映一下，可通过花钱或者开竞价广告的方式来开通此服务，因为这将使你的推广工作更加顺利。

百度地图具体有以下几个作用。

（1）回答问题的时候，可以直接插入地图，增加用户眼球聚焦，且可以降低带敏感品牌词问答信息被删的可能性。

（2）在百度知道里，加入了百度地图的推荐率，是没有加相关百度地图的推荐率的300%，所以百度地图可以间接提高采纳推荐。

（3）很多时候，相信大家也会看到同一个问题，有各种不同的回答，这些回答里面全带有各种地图，给人感觉就是一堆广告，以致产生厌烦心理，降低了品牌在用户中的好感。所以我们利用百度地图做百度知道的推广时，一定得注意这一点。

3. 多角度的回答问题，总有一个打动你

这是什么意思呢？因为做网络推广时，面对形形色色的潜在客户，我们无法预知他们的喜好，所以做百度知道推广时，我们可以用多角度回答问题。

如官方身份、在校学生、老师身份、朋友身份等。通过这样多角度的回答，让潜在的用户，能从那些形形色色的问答中，找到自己最想要的答案。

总的来说，百度知道是一个非常接地气的推广渠道，在百度知道各个细分分类中都积累了大量的问题需要解答，每天也有大量的新增问题需要解答。微信运营者可以根据自身的账号定位，专注某细分分类中问题的解答。

7.5.2 利用百度百科推广

百度百科是百度公司推出的一部内容丰富、自由的网络百科全书平台，百度搜索给予百科很高的权重。在百科词条中加入网站的链接，可提高网站的权重与排名。

<< 扫码获取配套视频课程，本节视频课程播放时长约为27秒。

运营者可以在百度百科中创建公司、企业、品牌的词条，增加传播机会，提高知名度。图 7-38 所示为百度百科的首页。

图 7-38

任何人都可以在百度百科平台上创建或编辑词条，但百度百科平台审核制度严格，那么，如何利用百度百科词条做推广呢？

1. 百度百科词条正文内容推广

百度百科词条正文内容推广是指在词条的正文内容中添加具有广告功能的文字信息，如在企业名称词条中介绍企业具体产品或服务信息，或者在与企业相关的某商品词条中介绍本企业产品信息及公司概况等。对企业名称词条而言，详细的正文内容不仅能为访问者提供有价值的信息，还有助于提升企业形象。

2. 在百度百科词条中进行网页 URL 链接推广

在百度百科词条中进行网页 URL 链接推广，是指在词条的参考资料或扩展阅读中加入企业官方网站或其他关联信息页面的链接，从而提高曝光度。

3. 百度百科词条中的图片推广

在百度百科词条的正文中，引入图片对企业及其产品或服务进行描述，丰富了企业百科推广的表现形式。

4. 百度百科词条中图片文字注释推广

百度百科词条中图片文字注释的表现形式包括：底部有加粗的文字说明或者在图片上具有文字水印的宣传信息，这种方式将进一步抢占图片广告的效果。

5. 百度百科词条中的名片推广

百度百科词条中的名片是对整个词条内容的概括和总结，为企业制作名片可以增加企业的推广渠道和企业信息的传播机会。

7.5.3 利用视频水印方式推广

每天都会有大量的搜索视频流量，百度会从各个视频网站上抓取内容显示给用户。在百度搜索引擎的搜索入口，可以看到视频搜索是一个非常重要的入口，如图7-39所示。

<< 扫码获取配套视频课程，本节视频课程播放时长约为35秒。

图7-39

每天也会有大量的用户搜索例如"如何做菜""如何开车""如何谈恋爱"等关键词，因此，我们就可以利用这些关键词进行微信推广，具体方法如下。

1. 制作视频资料

首先要寻找推广内容的视频资料，可以通过购买、复制，甚至自己创作的方式录制视频。当然在条件允许的情况下，自制的视频是最好的。

完整的视频做好之后，利用视频编辑软件，给视频打上推广的QQ或微信公众号水印。然后将视频切分成若干个小段视频。

2. 上传视频

将已经打上水印的小段视频上传到优酷、腾讯或者爱奇艺等用户常去的视频网站。需要注意的是，上传视频的网站最好选择爱奇艺网站，因为爱奇艺是百度全资控股的视频网站，搜索出现的概率相对更高。最后把全部视频上传到百度云盘等网盘，并加密。

3. 保证沟通顺畅

当用户通过搜索引擎搜索时，就会有机会出现你上传的视频，当用户看完视频之后，有需求的客户就会通过视频水印上的联系方式来联系你了。

运营者可以引导用户关注自己的微信公众号，也可以通过设置公共自动回复功能，引导用户关注，当用户关注微信之后，再告诉用户如何获取下载或观看密码。

7.5.4 利用整理资料推广

每天都会有大量的用户在网络中寻找资料，除了之前说过的视频学习资料之外，还有大量的其他资料可以用来推广。我们可以把整理过的资料上传到百度等网站分享。

<< 扫码获取配套视频课程，本节视频课程播放时长约为 33 秒。

图 7-40 所示为百度网盘电脑客户端中上传的资料。

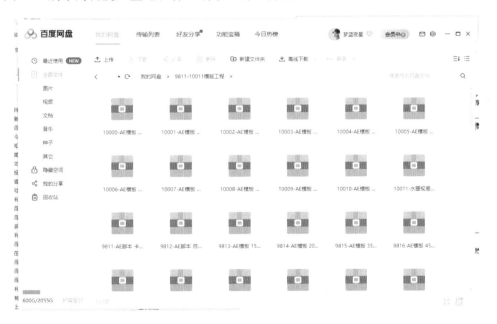

图 7-40

只要在这些资料内标注添加微信得到解压密码或者加微信查看更多资料，自然就会有很多粉丝找上门来，而整理这些资料并打码也是一项需要耐心的工作。